ACTION

DU

MINISTÈRE PUBLIC

ET

THÉORIE DES DROITS D'ORDRE PUBLIC

EN MATIÈRE CIVILE

PAR

ÉMILE ALGLAVE

PROFESSEUR AGRÉGÉ A LA FACULTÉ DE DROIT DE DOUAI

Archiviste paléographe

TOME SECOND

(PREMIÈRE PARTIE)

PARIS

LIBRAIRIE GERMER BAILLIÈRE

17, RUE DE L'ÉCOLE DE MÉDECINE

1874

ACTION

DU

MINISTÈRE PUBLIC

EN MATIÈRE CIVILE

PARIS. — IMPRIMERIE DE E. MARTINET, RUE MIGNON, 2.

ACTION

DU

MINISTÈRE PUBLIC

ET

THÉORIE DES DROITS D'ORDRE PUBLIC

EN MATIÈRE CIVILE

PAR

ÉMILE ALGLAVE

PROFESSEUR AGRÉGÉ A LA FACULTÉ DE DROIT DE DOUAI
Archiviste paléographe.

DEUXIÈME ÉDITION

TOME II

PARIS

GERMER BAILLIÈRE, LIBRAIRE-ÉDITEUR

Rue de l'École-de-Médecine, 17.

Londres	New-York
Hipp. Baillière, 219, Regent street.	Baillière brothers, 440, Broadway

MADRID, C. BAILLY-BAILLIÈRE, PLAZA DE TOPETE, 16.

1871

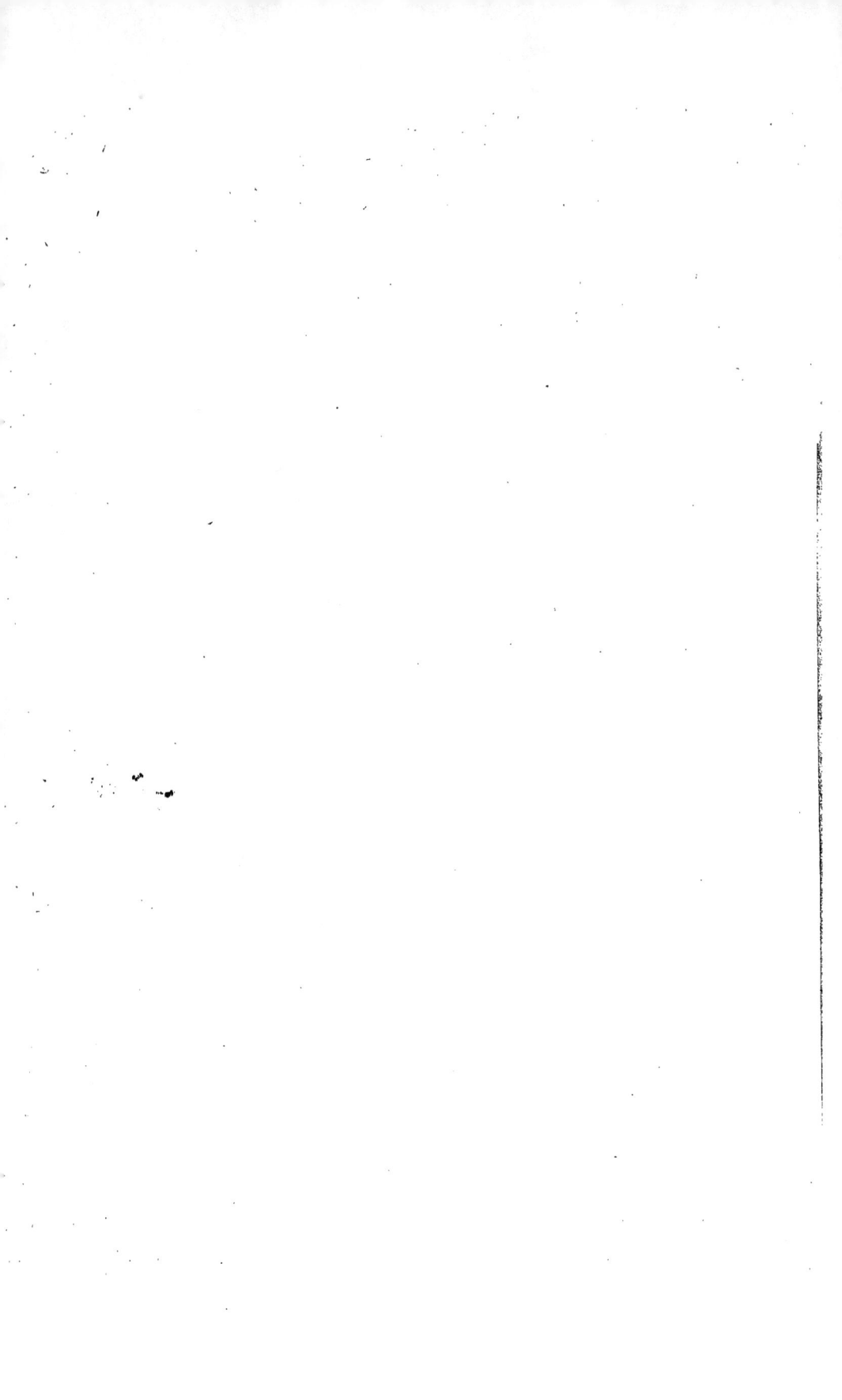

ACTION

DU

MINISTÈRE PUBLIC

EN MATIÈRE CIVILE

CHAPITRE VIII

PROCÉDURE GÉNÉRALE DE L'ACTION DU MINISTÈRE PUBLIC EN MATIÈRE CIVILE

Lorsque le ministère public devient partie principale, il perd le caractère essentiel qu'il possédait comme partie jointe, il cesse d'être désintéressé dans l'affaire, et la présomption absolue d'impartialité, fondée sur cette circonstance, disparaît en même temps qu'elle.

Lorsqu'il agit comme partie principale, le procureur impérial est encore magistrat, — je dirais plus volontiers ici fonctionnaire, — en ce sens qu'il représente la société et que l'intérêt qu'il défend n'est pas son intérêt personnel. Mais dans ses rapports avec les particuliers contre lesquels il plaide, il a cessé d'être un magistrat,

puisqu'il en a perdu l'impartialité; il faut maintenant le
considérer comme un adversaire et le traiter en tout
comme le serait une partie privée. Résister à une pre-
tention qui invoque l'intérêt général, c'est déjà pour un
citoyen une situation bien assez désavantageuse et qui
l'expose à trop de défaveur pour que l'équité permette
de l'aggraver encore. La société, en descendant dans
l'arène, doit lutter à armes égales; elle ne peut couvrir
son champion d'un bouclier de priviléges à l'abri duquel
il attaquerait sans péril et remporterait une victoire
qu'on n'aurait pas le droit de lui disputer.

Ainsi, le ministère public, partie principale, devient, au
point de vue du procès, l'égal de son adversaire privé et
il ne doit pas être traité mieux que lui. C'est là un principe dont les motifs étaient assez évidents pour se passer
de démonstration, mais sur lequel j'ai cru nécessaire
d'insister dès le début parce qu'il est le point de départ
et la base de tous les développements qui figureront dans
ce chapitre, et aussi parce qu'il faut souvent de grands
efforts pour lui conquérir, dans l'esprit des magistrats ou
même dans celui des jurisconsultes, le complet assentiment qui lui est dû.

Je m'explique du reste assez facilement que les magistrats aient quelque peine à traiter tout à coup, pendant
une heure, en justiciable, celui que les relations de
chaque jour font leur commensal ou leur ami, qui est
l'instant d'avant et redevient aussitôt après leur collègue,
leur collaborateur dans les mêmes travaux judiciaires,
celui que la loi aussi bien que l'opinion range comme

eux dans le grand corps de la magistrature, celui enfin
auquel le législateur, peut-être sans raison suffisante, a
confié sur l'ordre judiciaire tout entier, sans en excepter
les juges, une partie importante du pouvoir disciplinaire (1), une sorte de surveillance, qui ressemble quelquefois à une suprématie, et de plus le soin de préparer
en partie leur avancement (2). Le procureur impérial est
membre du tribunal, il figure à ses assemblées particulières (décret du 30 novembre 1808, art. 50 et 88) et
constitue un élément indispensable pour la régularité de
ses audiences. Lorsqu'il n'est que partie jointe il a droit
à la même déférence et à peu près aux mêmes privilèges
que les juges. Aussi, quand il est devenu pour une heure
partie principale, ceux-ci oublient difficilement cette
espèce de solidarité de position, qui a cessé un instant
d'être vraie, et il leur semble toujours qu'en le proté-
geant c'est leur propre droit qu'ils défendent.

Le ministère public agissant par voie d'action doit être
traité comme le serait une partie privée. Mais si convaincu que je sois de cette règle, j'admets très-bien qu'on
y déroge lorsqu'il s'agit de dérogations qui peuvent
se concilier avec les motifs sur lesquels elle se fonde.
Dès que l'égalité n'est pas rompue entre les deux adver-

(1) Voyez notamment, en ce qui concerne les magistrats, les articles 49
à 56 de la loi du 20 avril 1810, et les articles 15 à 17, 79 et 101 du décret
impérial du 30 mars 1808.

(2) Lorsqu'un siége se trouve vacant, soit dans un tribunal, soit dans une Cour,
le procureur général et le premier président adressent chacun au ministre de la
justice une liste de trois candidats. Il n'est pas besoin d'insister sur l'influence,
le plus souvent décisive, de ces présentations.

saires, rien n'empêche de prendre en considération le
caractère public que conserve toujours le procureur impérial, la situation particulière qui en résulte pour lui,
et les connaissances spéciales que ses fonctions exigent
et supposent nécessairement.

Nous diviserons ce chapitre en six sections : 1° Comment et par qui l'action du ministère public doit être
intentée; 2° comment elle se poursuit et se plaide;
3° du jugement et des diverses condamnations qu'il peut
contenir; 4° des différentes voies de recours contre les
jugements; 5° du cas où le ministère public intervient
dans un procès existant entre deux parties privées; 6° valeur des jugements obtenus par le ministère public ou
contre lui et à quelles personnes ils sont opposables.

PREMIÈRE SECTION.

COMMENT ET PAR QUI L'ACTION DOIT-ELLE ÊTRE INTENTÉE?

Nous supposons, pour le moment, que l'action est introduite par le ministère public lui-même ou contre lui
par une partie privée. C'est exclusivement à cette hypothèse que se rapporte ce que nous allons dire dans cette
section et dans les trois suivantes.

§ I. — L'action appartient au corps du ministère public qui forme une seule personne juridique.

La première question qui se pose au début de cette
étude, c'est la suivante : à qui appartient précisément

l'action dont nous allons suivre les diverses péripéties? Elle appartient au *corps* du ministère public et non en particulier à aucun des officiers qui composent ce corps.

On objectera peut-être que certaines actions spéciales, par exemple les pourvois dans l'intérêt de la loi, sont exclusivement réservées au procureur général près la Cour de cassation, et ne pourraient point être valablement introduites par le procureur général près la Cour qui a rendu l'arrêt attaqué (Voy. Dalloz, *Recueil pério-dique*, 1852, v° Cassation, n° 41), comme le serait un pourvoi ordinaire, c'est-à-dire un pourvoi destiné à produire un effet utile dans la cause pendante. Mais cette remarque parfaitement exacte n'entame pas le principe ; car, si le procureur général près la Cour de cassation est absent, ou même simplement empêché, il sera très-valablement remplacé par le premier avocat général, comme le dit en termes exprès l'article 48 de l'ordonnance du 15 janvier 1826 portant règlement sur le service de la Cour de cassation. (Comparez l'article 47-2° de la loi du 20 avril 1810.) Ajoutons qu'en matière criminelle, dans le cas prévu par l'article 409 du Code d'instruction criminelle, le droit d'exercer le pourvoi dans l'intérêt de la loi n'est plus réservé, comme d'ordinaire, au procureur général près la Cour de cassation.

L'article 43 de cette même ordonnance de 1826 nous paraît donc s'exprimer d'une manière impropre en disant, comme l'avait déjà fait l'article 42 du décret du 6 juillet 1810, que « toutes les fonctions du ministère public sont *personnellement* confiées au procureur général. »

Si haut qu'il soit placé, le procureur général à la Cour
de Cassation n'exerce lui-même ses fonctions qu'au nom
et à titre de membre du ministère public. Ce qu'on a
voulu exprimer dans ces articles, c'est d'abord qu'il ne
fallait plus tenir compte de la distinction qui avait per-
sisté dans l'ancien droit entre les fonctions des procureurs et celles des avocats du roi. Le second alinéa, qui
est à peu près semblable dans les deux articles, laisse
facilement apercevoir cette préoccupation. On voulait indiquer en outre que le ministère public était organisé
d'une manière hiérarchique et fortement centralisé dans
le ressort de chaque Cour d'appel sous la main du procureur général. Mais il serait inexact d'en conclure que
le procureur général peut faire personnellement tous
les actes qui rentrent dans la compétence du procureur
impérial ; et, d'un autre côté, cela n'empêche pas que le
procureur général lui-même ne soit que le représentant
et l'organe du ministère public.

Le ministère public forme dans toute la France un
corps un et indivisible. C'est à ce corps que la société a
délégué un certain nombre d'attributions, et c'est à lui
seul que ces attributions appartiennent. Des règles que
j'appellerais volontiers d'organisation intérieure déterminent ensuite comment devra s'accomplir chacune des
fonctions confiées à ce corps et par lequel de ses membres il agira dans chaque circonstance particulière. L'officier du ministère public n'est donc jamais que le
délégataire du corps tout entier en qui résident toutes les
attributions et qui forme une seule personne juridique.

S'il en était autrement, on comprendrait sans peine
que la personnalité publique du procureur impérial se
transmît à son successeur sur le même siége ; mais on
ne s'expliquerait pas qu'elle s'ajoutât dans la même affaire
à celle de son substitut, et surtout qu'elle pût se continuer par celle du procureur général près la Cour impériale lorsque le procès arrive en appel. On concevrait
bien moins encore qu'elle se prolonge par la personnalité du procureur général près la Cour de cassation,
puis du procureur général près la Cour de renvoi, si
l'affaire se poursuit jusque-là. Dans les deux premiers
cas, en effet, on aurait encore la ressource de dire, en
interprétant judaïquement les textes, que le procureur
impérial, simple substitut du procureur général (art. 6
et 43 de la loi du 20 avril 1810), n'a exercé l'action
qu'au nom et comme représentant de ce dernier, à qui
elle appartenait personnellement (art. 42 du décret du
6 juillet 1810) du titre de sa fonction propre, et qui se
trouvait ainsi seul en cause. Mais, dans cette dernière
hypothèse, on ne peut pas considérer le procureur général près la Cour de Cassation ni le procureur général près
la Cour de renvoi comme étant les substituts ou les mandataires du procureur général près la Cour primitivement
saisie. Aucun texte n'autorise davantage à prétendre que
tous les procureurs généraux de France soient les substituts du procureur général près la Cour de Cassation.
Il faut donc bien en arriver à dire qu'ils sont tous les représentants du corps du ministère public, seule personne juridique véritablement en cause.

Le principe de l'unité indivisible du ministère public présente une grande importance et sert, comme noùs le verrons, à résoudre plusieurs difficultés de notre matière.

§ II. — En principe le ministère public n'est pas obligé d'exercer l'action qui lui appartient.

L'action appartient donc au corps du ministère public. Mais est-elle pour lui une faculté ou un devoir ? Lorsqu'il a le droit d'agir, est-il obligé de le faire ou peut-il rester inactif ? Je pose en ce moment la question au point de vue du corps lui-même et non en ce qui concerne ses membres. Nous examinerons ensuite quels sont, à cet égard, les droits et les obligations des officiers du ministère public d'après les règles d'organisation intérieure qui déterminent le mode d'exercice de ses attributions.

En principe, le ministère public est maître de son action ; il peut, par conséquent, si bon lui semble, ne pas l'exercer et même la laisser périr par prescription. Ce point a été surtout discuté en matière criminelle, où des circonstances qu'il n'est pas besoin d'indiquer ici peuvent lui donner, dans certains cas, un intérêt tout particulier. La solution que j'adopte y est universellement acceptée par la pratique, et la doctrine ne la contredit plus. Elle se justifie du reste en matière civile par les mêmes raisons qu'en matière criminelle.

L'action appartient à la société ; il est naturel que celle-ci puisse y renoncer, car c'est une règle de droit commun que chacun peut renoncer à ce qui lui appartient, pourvu d'ailleurs qu'il remplisse les conditions de capacité personnelle nécessaires. En ce qui concerne ces actions, la société est pleinement représentée par le ministère public auquel elle a délégué tous ses droits, et celui-ci doit pouvoir en disposer comme le ferait la société elle-même. Or comment concevrait-on que la société fût incapable d'abandonner un droit introduit en sa faveur, lorsqu'elle juge que, dans l'espèce, la revendication de ce droit lui serait plus nuisible qu'utile ? Comment expliquerait-on qu'elle soit ainsi traitée moins favorablement que les particuliers à qui personne ne conteste la faculté de délaisser leurs droits privés lorsqu'ils y trouvent un avantage ou une satisfaction quelconque ?

Cette considération nous semble particulièrement décisive dans les matières civiles ; — et cela nous suffit, puisque notre sujet n'en dépasse point les limites. — En matière criminelle, les particuliers n'ont pas toujours le droit de saisir la juridiction répressive à l'occasion des faits délictueux qui ont pu leur nuire, et lors même que ce droit leur appartient, ils doivent se borner à conclure pour leurs intérêts privés sans requérir l'application de la peine. En matière civile, au contraire, aucun intérêt privé ne peut sérieusement se prétendre lésé par l'inaction du ministère public ; car, si cet intérêt existe réellement, il a le droit de s'affirmer devant les tribunaux, et par conséquent le moyen d'obtenir la justice qui lui est due.

Ainsi, l'intérêt privé ne saurait jamais être compromis ; et, si l'on se place au point de vue de l'intérêt public, on n'est point autorisé à dire que le ministère public, en restant inactif, déserte la mission sociale qui lui a été confiée, car il peut arriver que le meilleur moyen de la remplir soit précisément le silence. Lorsqu'il s'agit, par exemple, d'un fait resté presque inconnu ou déjà ancien et peut-être oublié, les scandales du procès, qui le révèlent à tous, ne portent-ils point à l'ordre public une plus grave atteinte que n'avait fait la violation même de la loi? La société n'a pu attribuer au ministère public un rôle en quelque sorte mécanique qui le forcerait dans certains cas à faire le mal sciemment et malgré lui et qui se retournerait ainsi contre le but même de l'institution. Elle lui a nécessairement délégué aussi la faculté d'appréciation dont elle a la jouissance, mais qu'elle ne peut exercer que par mandataire. Il aura donc pour premier devoir d'examiner dans chaque circonstance particulière si les inconvénients du procès ne dépassent point les avantages de la répression.

Remarquons d'ailleurs en terminant sur ce point qu'il ne suffirait pas de déclarer le ministère public obligé d'agir quand le législateur lui en accorde le droit. Cette décision théorique resterait stérile, si on ne la sanctionnait point en permettant à chaque particulier de contraindre le procureur impérial à mettre l'action en mouvement. Autant vaudrait alors autoriser les citoyens à intenter eux-mêmes l'action publique, car on arrive à ce résultat en prenant un détour inutile. Un pareil système serait directement contraire aux principes de notre législation. Il dissout ce que nous appelions dans le chapitre VI (t. Ier,

p. 594) le patrimoine de la société, et le confond avec le patrimoine des particuliers; il aboutit enfin à cette conséquence singulière, qu'on pourrait exercer une action appartenant à une autre personne légalement représentée.

§ III. — Des cas exceptionnels où le ministère public n'est pas maître de son action, et du caractère de ces cas.

I. — Le ministère public a donc le droit de ne pas exercer l'action qui lui appartient. C'est là le principe général; mais les motifs mêmes sur lesquels il se fonde laissent pressentir quelques exceptions. Il y a en effet des cas où le ministère public n'agit plus en vertu de la délégation générale qui est le fondement de ses attributions ordinaires. Il représente alors, soit des intérêts privés, soit des intérêts collectifs, soit même des intérêts généraux, mais d'un caractère fiscal ou au moins pécuniaire, soit enfin des pouvoirs sociaux complétement distincts. Ces cas ne rentreraient point naturellement dans les fonctions du ministère public et ne se rattachent point à leur principe. Le ministère public y devient en quelque sorte un agent; l'action ne lui appartient point, il en a seulement l'exercice et par conséquent ne peut refuser de l'intenter lorsqu'il en est régulièrement requis. Indiquons rapidement les principaux cas de ce genre.

En vertu de l'article 200 du Code Napoléon, lorsque la fraude d'un officier de l'état civil a supprimé la preuve de la célébration d'un mariage, si les personnes intéressées à obtenir cette preuve n'engagent le procès qu'après la mort du coupable, elles ne peuvent plus saisir elles-mêmes les tribunaux civils conformément aux règles ordinaires; l'action doit être dirigée par le procureur impérial contre les héritiers du coupable, en présence des parties intéressées et sur leur dénonciation.

D'après l'article 14 de la loi du 3 mai 1841, le procureur impérial requiert, et le tribunal prononce, l'expropriation pour cause d'utilité publique des terrains et bâtiments compris dans l'arrêté du préfet. Cette réquisition doit être faite dans les trois jours de l'envoi, par le préfet au procureur impérial, de la loi ou de l'ordonnance autorisant les travaux, et de l'arrêté préfectoral pris en exécution.

D'après l'article 6 de l'ordonnance du 1er juin 1828, relative aux conflits d'attribution entre les tribunaux et l'autorité administrative, le procureur impérial est tenu de faire connaître au tribunal le déclinatoire par lequel le préfet maintient qu'une affaire rentre dans la compétence administrative. Le tribunal est saisi de la question de compétence, puisqu'il doit statuer; mais l'article 6 réserve formellement la liberté des réquisitions du procureur impérial, qui doit seulement transmettre au préfet, dans les cinq jours (art. 7), le jugement intervenu, avec copie des conclusions qu'il a prises. Si le déclinatoire a été rejeté par le tribunal, et que le préfet juge à propos d'élever le conflit, l'article 12 de la même ordonnance du 1er juin 1828 charge le procureur impérial de requérir devant le tribunal qu'il soit sursis à toute procédure judi-

ciaire, conformément à l'article 27 de la loi du 21 fructidor an III. Cette réquisition, qui dessaisit le tribunal,
est évidemment obligatoire pour le procureur impérial.

En vertu de l'article 90 du décret du 30 décembre 1809
concernant les fabriques d'église, le procureur impérial doit
poursuivre le trésorier de la fabrique qui ne remet pas son
reliquat entre les mains de son successeur. Le décret du
1er juillet 1809 et l'ordonnance du 12 mars 1817 le
chargent également de poursuivre, à la requête des proviseurs des lycées, les parents qui ne payent pas la pen-
sion de leurs enfants. Ce sont là encore pour lui des
mandats obligatoires.

Dans les matières domaniales, aux termes de l'arrêté
du 10 thermidor an IV, confirmé par un avis du Conseil
d'État des 12 mai-1er juin 1807, le préfet peut déléguer
au procureur impérial la défense des intérêts du domaine, et celui-ci est obligé de s'en charger.

Enfin, d'après l'article 80 de la loi du 27 ventôse an VIII,
le gouvernement peut dénoncer à la Cour de cassation,
par la voie du procureur général, les actes par lesquels
les juges auraient excédé leurs pouvoirs. Il est clair que
l'exercice de cette prérogative, destinée à réprimer les
empiétements du pouvoir judiciaire sur le domaine admi-
nistratif, devait immédiatement et exclusivement dépendre
du gouvernement.

Ces divers cas exceptionnels rentrent bien dans la formule indiquée. Le procureur impérial est tenu d'agir;
mais en réalité ce n'est plus le ministère public qui est en
cause, ce sont d'autres personnes juridiques qu'il repré-

sente accidentellement et pour le compte desquelles il est simplement chargé de saisir les tribunaux, car, les actes de procédure une fois accomplis, il recouvre sa liberté d'appréciation sur le procès.

II. — Il y a cependant une autre exception qui présente un caractère très-différent : c'est celle qui est consacré par l'article 491 du Code Napoléon en vertu duquel, dans le cas de fureur d'une personne, le procureur impérial doit provoquer son interdiction si l'époux ou les parents négligent de le faire. Ici, c'est bien le ministère public qui est en cause, et il s'agit d'une des attributions naturellement comprises dans son institution. Mais cette déviation du principe général s'explique par deux motifs distincts.

Le premier, c'est que l'intérêt de l'ordre public est certain, car il s'agit nécessairement d'une folie qui se manifeste par des actes violents, et qui, par suite, met en péril la sécurité générale : accorder un pouvoir d'appréciation serait donc inutile.

Le second, c'est que, dans de semblables circonstances, l'inaction du ministère public pourrait causer aux particuliers un tort qu'il ne leur serait pas possible d'éviter. Chacun, en effet, court le risque d'être victime, dans sa personne ou dans ses biens, des violences du fou furieux, et il n'a pas toujours le moyen de s'en préserver en demandant son interdiction, car il faut, pour avoir ce droit, être le parent ou l'époux du furieux (art. 490 Code Nap.). Sans doute la loi des 16-24 août 1790 sur l'organisation judiciaire, tit. XI, art. 3, 6° alinéa, confiait « à la vigilance et à l'autorité des corps municipaux » ... « le soin

l'obvier ou de remédier aux événements fâcheux qui
pourraient être occasionnés par les insensés ou les furieux
laissés en liberté... » Mais la vigilance des corps municipaux n'est pas toujours très-active, surtout dans les
campagnes, et, d'ailleurs, leur autorité est évidemment
impuissante pour prévenir tous les accidents. L'art. 605,
4° alinéa, du *Code des délits et des peines* du 3 brumaire
an IV (25 octobre 1795), frappa de peines de simple police ceux qui laissent divaguer des insensés ou furieux.
Mais l'éventualité de cette répression n'était point encore une garantie suffisante de sécurité, d'autant plus
qu'il n'y a point toujours de personnes qu'on puisse ac-
cuser d'avoir laissé divaguer le fou. L'article 479-2° du
Code pénal de 1810 laissait subsister ces inconvénients.

Il est vrai que cette situation regrettable a été un peu
modifiée plus tard par la loi du 30 juin 1838 sur les
aliénés, qui permet aux préfets d'ordonner « d'office le
placement, dans un établissement d'aliénés, de toute personne interdite ou non interdite dont l'état d'aliénation
compromettrait l'ordre public ou *la sûreté des personnes* »
(art. 18). Mais il s'agit encore là d'une simple faculté
accordée à des fonctionnaires publics, et, quant aux particuliers eux-mêmes, ils se trouvent toujours désarmés,
car il ne semble pas possible de chercher dans les termes
de l'article 8-1° une garantie suffisante pour tous les intéressés. N'oublions pas enfin que la loi de 1838 ne saurait
évidemment servir à commenter le Code civil de 1804,
dont les dispositions doivent s'expliquer par l'état où se
trouvait alors la législation.

Cette exception d'un genre tout spécial, contenue dans l'article 491 du Code Nap., reste d'ailleurs isolée, car nous verrons, en étudiant la matière du mariage, que les mots *peut et doit* employés par l'art. 190 du Code Nap. ne doivent pas être entendus en ce sens que le procureur impérial serait nécessairement obligé de demander la nullité du mariage dans les cas dont il s'agit. — Du reste, dans le cas de l'article 491, l'*obligation* du ministère public reste purement théorique, car personne ne pourrait le contraindre à la remplir.

§ IV. — L'officier du ministère public compétent pour intenter une action, peut-il être empêché ou contraint de le faire par son supérieur hiérarchique ?

Nous avons montré qu'en principe, et sauf de fort rares exceptions, le corps du ministère public à qui appartient l'action n'était pas obligé de l'exercer par cela seul qu'elle lui était accordée. Il faut examiner maintenant quels sont au même point de vue les droits et les obligations non plus du corps lui-même, mais des membres de ce corps qui, dans chaque circonstance particulière, se trouvent avoir compétence pour le représenter. Ce n'est plus qu'une question d'organisation intérieure.

Lorsque le ministère public est obligé d'agir, il est clair que cette obligation se transmet à celui des membres du parquet qui exerce auprès du tribunal où doit être portée l'affaire.

Mais lorsque le ministère public est maître de son action, chez lequel de ses membres réside le pouvoir d'appréciation qui lui appartient ? En d'autres termes, celui des officiers du ministère public qui a qualité pour agir peut-il être malgré lui empêché ou contraint de le faire par d'autres officiers du même corps ?

Théoriquement, le droit de chaque membre du ministère public paraît absolu. Supposons, par exemple, qu'un procureur impérial veuille poursuivre la nullité d'un mariage entaché de bigamie qui vient d'être contracté dans le ressort de son tribunal par deux personnes domiciliées dans ce ressort. Le procureur général aura beau le lui défendre : s'il persiste et saisit le tribunal, l'action n'en sera pas moins régulièrement engagée ; à plus forte raison le serait-elle dans le cas où il se serait borné à l'intenter spontanément, sans prendre auparavant l'avis de son supérieur hiérarchique. En sens inverse, si le procureur général lui ordonne d'agir et qu'il s'y refuse obstinément, il n'y aura pas moyen de vaincre directement cet obstacle, et si la prescription se trouvait acquise grâce aux retards dus à cette résistance, elle le serait valablement, de telle sorte que le successeur donné au procureur impérial récalcitrant ne pourrait intenter l'action en démontrant que le procureur général avait donné l'ordre de l'exercer dès avant que la prescription fût acquise, à moins qu'il n'ait été fait un acte régulier d'interruption par un officier compétent (Comp. Mangin, *De l'action publique et de l'action civile*, n° 94; Dalloz, *Répert. alphab.*, v° Ministère public, n° 247). Mais il est bien évident qu'en pratique, une pareille résistance n'est guère vraisemblable, et, en admettant même qu'elle se produise, elle n'en serait pas moins inutile. En effet, à défaut de moyens légaux proprement dits, le procureur général aurait pour la combattre toutes les armes que peut fournir la discipline hiérarchique; et, si le subordonné récalcitrant refusait de se soumettre, il lui resterait la ressource d'en provoquer tout de suite la destitution ou le changement.

Ce qui vient d'être dit relativement au procureur impérial s'appliquerait également aux rapports du procureur général avec ses avocats généraux et ses substituts près la Cour, ou aux rapports du procureur impérial avec ses propres substituts. Le substitut qui remplace le procureur impérial a les mêmes droits que lui, et, s'il saisit le tribunal, l'action sera régulièrement engagée lors même que son supérieur lui aurait défendu de le faire, sauf les conséquences disciplinaires qui pourront résulter pour lui de sa conduite.

Cette doctrine est défendue par M. Faustin Hélie, dans son *Traité de l'instruction criminelle* (2ᵉ édit., t. Iᵉʳ, nᵒˢ 495 à 499). La Cour de cassation l'a également adoptée, comme il est facile de s'en convaincre par plusieurs arrêts. Nous trouvons d'abord, avant la promulgation des codes et de la loi du 20 avril 1810, un jugement de rejet de la section criminelle du 29 messidor an IX (affaire Ministère public *contre* Chaudière), rapporté par Dalloz, *Recueil alphabétique*, vᵒ Ministère public, nᵒ 53, et rendu sous l'empire du Code du 3 brumaire an IV dont il invoque les dispositions. On peut citer ensuite, sous l'empire des textes actuellement en vigueur, quatre arrêts de cassation de la chambre criminelle : le premier,

du 29 mars 1822 (Devilleneuve et Carette, t. VII, p. 46);
le second, du 14 mai 1825 (*ibid.*, t. VIII, p. 124);
le troisième, du 19 février 1829 (affaire Baudel; Devill.
et Car., t. IX, p. 236; et Dalloz, *Recueil alphabétique*, v° Appel criminel, n° 185); le quatrième, du 3
septembre 1829 (affaire Demure, Devill. et Car., t. IX,
p. 368; Dalloz, *eod.*).

On voit que nous sommes obligés d'aller chercher des
documents en matière criminelle, où ils sont beaucoup
moins rares qu'en matière civile; mais les règles générales qui tiennent à l'organisation même du ministère
public ne peuvent pas varier d'un cas à l'autre. Il est
vrai aussi que, dans l'espèce des quatre arrêts cités plus
haut, il s'agissait du droit d'appel, de sorte que nous au-
rons encore occasion de les mentionner. Mais il est clair
que le principe applicable au droit d'appel doit l'être aussi
au droit d'intenter l'action, et d'ailleurs les considérants
de ces arrêts sont très-généraux. « L'acte d'un substitut du
procureur du roi, dit l'arrêt du 3 septembre 1829, a,
aux yeux de la loi, toute l'autorité et tout l'effet d'un acte
même émané du procureur du roi. »

Il faut remarquer en effet que l'article 43 de la
loi du 20 avril 1810 charge des fonctions du ministère
publics les substituts du procureur impérial comme le
procureur impérial lui-même. Le substitut puise donc
son droit d'agir dans la délégation de la loi; il n'a
pas besoin d'un mandat du procureur impérial qui
lui permette d'agir en son nom : pour qu'il ait qualité, il suffit qu'il remplace le procureur impérial ab-

sent ou empêché, ou au moins, si celui-ci est présent,
qu'il ait été chargé par lui de la portion du service dans
lequel pourrait rentrer l'acte qu'il a fait; c'est en effet au
procureur impérial qu'il appartient d'organiser et de dis-
tribuer comme bon lui semble le service de son parquet
(voy. le décret du 18 août 1810, art. 17 à 22, et particulièrement l'art. 19). L'acte une fois consommé par le
substitut de service, le procureur impérial ne peut pas le
faire tomber comme accompli contrairement à ses instructions, car le droit du substitut lui était propre et ne ré-
sultait point seulement d'un mandat de son supérieur.

Cependant cette manière de voir n'est pas acceptée par
tout le monde. D'après Mangin (*Traité de l'action publique et de l'action civile*, n° 94), les actes des substituts
ne sont valables que parce qu'ils sont au moins censés
approuvés par le procureur impérial chef du parquet, et
par conséquent le désaveu de ce dernier, en faisant tomber cette présomption, devrait les invalider de plein droit.
Il reconnaît du reste que cette doctrine est contraire à
l'arrêt de la chambre criminelle du 3 septembre 1829,
mais ajoute que les termes de cet arrêt, rendu sur ses
propres conclusions, ont dépassé la pensée de la Cour.
Dalloz (*Recueil alphabétique*, vᶦˢ Appel criminel, n° 186,
et Ministère public, n° 53) adopte l'opinion de Mangin,
et invoque à l'appui le témoignage de Bourguignon et de
Carnot (sur l'art. 202 Cod. d'instr. crim.); il accuse le
système de M. Faustin Hélie de détruire toute hiérar-
chie. Quoi qu'il en soit de ces dissentiments, je crois que
si la Cour de cassation était appelée à se prononcer de

nouveau, elle confirmerait sa jurisprudence de 1829 qui
me paraît conforme à la loi. Si la question ne semble
point avoir été agitée depuis cette époque, — au moins
les arrêtistes n'ont-ils relevé aucune décision, — cela
tient à ce que les règles de la discipline hiérarchique
rendent de semblables conflits fort peu probables.

Ainsi l'officier du ministère public dans la compétence
duquel se trouve chaque acte de procédure pourrait le faire
valablement, même contre l'ordre exprès de son supérieur.
Mais il s'exposerait ainsi à des réprimandes, à des peines
disciplinaires, peut être à une destitution, de telle sorte
qu'en réalité ce droit est à peu près illusoire et sera bien
rarement exercé. C'est là, du reste, une chose naturelle,
logique et raisonnable, dont il ne faut pas se plaindre,
car les actes de procédure émanent du corps du ministère
public et compromettent les prérogatives qui lui sont accordées dans l'intérêt public : puisque ce corps est organisé hiérarchiquement, c'est aussi hiérarchiquement
que sa volonté doit se former.

Le procureur général près chaque Cour impériale a donc
la haute main sur tous les officiers du ministère public du
ressort, et ceux-ci ne doivent agir que sous son inspira-
tion. Se trouve-t-il lui-même dans une situation analogue vis-à-vis du procureur général près la Cour de cassation ? Non ; ce dernier n'a sur les procureurs généraux
près les Cours d'appel qu'un simple droit de surveillance
consacré par l'article 84 du sénatus-consulte organique
du 16 thermidor an X (4 août 1802), et qui n'est même
pas mentionné dans la loi du 20 avril 1810, ni dans le

décret du 6 juillet suivant, ni enfin dans l'ordonnance
du 15 janvier 1826. Ce droit de surveillance, très-peu
exercé dans la pratique, ne saurait avoir une bien grande
efficacité. La nature même de l'institution de la Cour de
cassation semble devoir raisonnablement le restreindre
dans des limites assez étroites, et, dans tous les cas, il
serait impossible de l'étendre jusqu'à en faire un véritable droit de direction sur tous les parquets de France.

L'autorité du ministre de la justice sur les procureurs
généraux des Cours impériales est beaucoup plus réelle.
Cette autorité lui permet-elle d'interdire l'exercice d'une
action que le procureur général trouverait utile, ou
d'ordonner l'exercice d'une autre qu'il ne voudrait pas
faire intenter? Nous avons déjà vu plus haut (t. 1er,
p. 197), que M. le procureur général Dupin lui déniait
ce droit, et qu'il s'appuyait sur de nobles exemples pour
soutenir qu'en admettant que le ministre voulût se l'ar-
roger, les procureurs généraux sauraient résister à cette
pression. Il est certain, dans tous les cas, que si l'action
avait été régulièrement introduite malgré l'ordre du ministre, elle resterait engagée (voy. Mangin, *De l'action
publique et de l'action civile*, n° 91; — Dalloz, *Rép.
alphabét.*, v° Amnistie, n° 27; v° Instruction criminelle,
n° 70; et v° Ministère public, n° 245).

Mais il ne faut pas oublier que les procureurs généraux, comme les autres officiers du ministère public,
sont essentiellement amovibles, et qu'il y a là pour eux,
vis-à-vis du garde des sceaux, qui peut, sinon les révoquer lui-même, du moins les faire révoquer presque à

son gré, une cause de dépendance à laquelle il ne leur
sera pas toujours facile d'échapper. Il ne faut pas oublier non plus que l'article 1er, titre VIII, de la loi des
16-24 août 1790, considérait expressément les officiers
du ministère public comme « agents du pouvoir exécutif
auprès des tribunaux ». Il est vrai qu'à cette époque, les
poursuites criminelles étaient exclusivement exercées
par des accusateurs publics électifs ; que le ministère
public n'avait, en règle générale, aucun droit d'action,
et que ses membres étaient inamovibles. Mais ce principe, posé en 1790, et alors fort inoffensif, n'a pas été
abrogé par les lois postérieures qui modifièrent si pro-
fondément l'organisation de ce corps, et lui firent une
situation toute différente, qui aurait exigé de nouvelles
règles et comporte de nouvelles garanties à la place de
celles qui disparaissaient. Il se dresse donc encore devant
nous et, relativement aux actes destinés à saisir les tribunaux, il jette quelque incertitude, même en droit, sur
l'indépendance des procureurs généraux vis-à-vis du
garde des sceaux, indépendance qui, en fait, n'existe
presque pas.

Il est du reste un cas dont nous avons déjà parlé
tout à l'heure, et où l'ordre du ministre de la justice
doit toujours être obéi : c'est le cas où le gouvernement,
en vertu de l'article 80 de loi du 27 ventôse an VIII, défère à la Cour de cassation les actes par lesquels les juges
ont excédé leurs pouvoirs.

Voilà pour tout ce qui concerne la procédure, les
actes juridiques destinés à saisir les tribunaux. Jusqu'ici

la liberté des membres du ministère public n'est pas
très-grande, grâce aux restrictions que les règles de la
discipline viennent apporter à celles de la loi. Mais lorsqu'on est sorti de la procédure, au point de vue disciplinaire comme au point de vue légal, le subordonné qui
porte la parole doit recouvrer la plus entière liberté de
langage, il doit même lui être permis de combattre les
conclusions qu'il a posées, car ces conclusions sont
l'œuvre du corps du ministère public, tandis que son
réquisitoire doit être l'expression de ses convictions personnelles. Nous avons déjà eu l'occasion d'insister sur ce
point dans un chapitre précédent (t. Ier, p. 193), de rappeler l'exemple de M. le procureur général Dupin, avec
l'article 48 du décret du 6 juillet 1810, en vertu duquel,
lorsque le procureur général et l'avocat général chargé
d'une affaire ne sont pas d'accord, c'est l'assemblée du
parquet qui décide dans quel sens les conclusions sont
prises à l'audience. Sans doute, ce texte se réfère au cas
où le ministère public est partie jointe ; mais il semble
que la liberté de celui qui porte la parole doit être la
même dans tous les cas ; et, lorsqu'il s'agit d'une action
directe, il est d'ailleurs facile au procureur général de
parler lui-même à l'audience ou de se faire remplacer
par un autre avocat général qui partage son opinion.

C'est cette dernière marche qui est prescrite d'une
manière générale, en ce qui concerne le ministère public
près la Cour de cassation, par l'article 49 de l'ordonnance du 15 janvier 1826 portant règlement pour le
service de cette Cour. Il est peut-être regrettable que la

disposition de l'article 48 du décret du 6 juillet 1810
n'ait pas été appliquée au ministère public près la Cour
de cassation. En effet, devant cette juridiction supérieure, les questions se présentent sous un point de vue
théorique, et c'est là surtout qu'eût été utile une délibération en commun de tous les membres du parquet.

§ V. — Quel est l'officier compétent pour introduire l'action

Il nous reste maintenant à déterminer, dans chaque
cas particulier, quel est le membre du ministère public
qui introduira l'action.

En principe, ce sera tout naturellement le procureur
impérial près le tribunal civil de première instance où
l'affaire doit être portée d'après les règles générales sur
la compétence. Tout autre procureur impérial serait sans
qualité, car il n'a de caractère public que dans le ressort
du tribunal auquel il est attaché, et, au delà des limites
de ce ressort, il redevient un simple particulier.

Au lieu d'intenter l'action lui-même, le procureur impérial peut aussi charger son substitut de le faire en son
nom. Lorsque le procureur impérial est absent ou empêché, il est remplacé par le substitut du siége, et, s'il y
en a plusieurs, par le plus ancien de ceux qui ne sont pas
chargés de la police judiciaire (décret du 18 août 1810,
art. 20 et 21). Ce substitut remplit alors les fonctions du
procureur impérial comme celui-ci les remplirait lui-
même; il le supplée, comme disent les articles 20 et 21
précités; il est en quelque sorte procureur impérial par

intérim. Cette situation lui donne le droit d'intenter l'action sans prendre l'avis de son supérieur hiérarchique, ou même contrairement aux instructions qu'il en aurait reçues. Nous avons déjà montré plus haut, dans le § IV (p. 22), que l'action ainsi introduite restait valablement engagée lors même que le procureur impérial, à son retour, désavouerait son substitut en déclarant qu'il a violé ses ordres. Il se trouve, en effet, à son égard, dans une situation analogue à celle où il serait vis-à-vis d'un prédécesseur. Une fonction publique ne chôme jamais; lorsque celui sur la tête de qui elle repose disparaît de la scène, même momentanément, pour un motif quelconque, elle doit se transmettre aussitôt à une autre personne qui l'exerce provisoirement.

Enfin, lorsque le procureur impérial confie à son substitut une partie déterminée du service comme cela se fait d'ordinaire, en ce qui concerne cette partie, le substitut peut intenter une action sans demander son assentiment. Le substitut porterait, à coup sûr, une grave atteinte à ses devoirs disciplinaires si l'action ainsi introduite présentait une importance considérable ou un caractère exceptionnel, s'il y avait lieu de supposer que le procureur impérial consulté ne l'aurait pas approuvée, et surtout s'il l'avait formellement interdite. Mais malgré cette faute professionnelle qui pourrait être réprimée disciplinairement de bien des manières, l'action n'en resterait pas moins régulièrement engagée, et nous avons déjà vu aussi plus haut (p. 24) que, même dans ce cas, le procureur impérial ne pourrait la faire tomber en désavouant le subordonné trop peu soumis, car celui-ci puisait son droit d'agir non-seulement dans le mandat de son chef, mais aussi et surtout dans une délégation personnelle à lui faite par la loi comme au procureur impérial lui-même.

Quelquefois aussi les fonctions du ministère public peuvent être remplies accidentellement, soit par des juges ou des suppléants (voy. art. 84 Pr. civ.), soit même par des avocats ou des avoués.

Sous l'ancien régime, il avait toujours été reconnu que les tribunaux, en cas de nécessité, pouvaient et devaient appeler dans leur sein, pour se compléter, des hommes de lois qui exerçaient auprès d'eux, et les investir ainsi momentanément des fonctions judiciaires. Ce système, indispensable pour assurer la marche de la justice, surtout dans les tribunaux de l'ancien régime qui ne possédaient pas de suppléants comme ceux d'aujourd'hui, est consacré par l'article 6 de l'ordonnance du 15 juillet 1519, par l'article 11 de l'ordonnance de 1539, par l'article 5 de l'édit des présidiaux de 1551, par l'article 17 de l'ordonnance de Moulins de 1566, et par l'article 25, titre XXIV de l'ordonnance d'avril 1667 sur la réformation de la justice (voyez aussi Jousse, *Justice civile*, t. II, p. 472).

La loi des 16-24 août 1790, qui réorganisa l'ordre judiciaire sur un plan nouveau, ne reproduisit pas ces dispositions. Cependant la pratique continua à les appliquer, et, pour mettre un terme aux contestations qu'on élevait sur la validité des jugements ainsi rendus, l'Assemblée législative décréta, le 29 août 1792, une loi dont voici le texte :

« Art. 1ᵉʳ. — Tous jugements auxquels ont concouru
» des gradués assermentés ou des hommes de loi pour
» l'absence ou l'empêchement des juges des tribunaux,
» sont déclarés valides.

» Art. 2. — En cas d'absence ou d'empêchement de
» juges, les tribunaux sont autorisés à appeler des gra-
» dués assermentés ou des hommes de loi, pour les
» remplacer et concourir aux jugements. »

L'article 220 de la constitution du 5 fructidor an III
(22 août 1795) décidant qu'une section de tribunal civil
« ne peut juger au-dessous du nombre de *cinq juges* »,
il se produisit encore des doutes sur la légalité du remplacement d'un de ces cinq juges par un défenseur officieux (c'est ainsi qu'on désignait alors les avocats). Mais
ces doutes furent également levés par l'article 16 de la loi
du 30 germinal an V, qui toutefois limite à deux (sur
cinq) le nombre des hommes de loi que le tribunal pourra
appeler dans son sein pour se compléter.

Enfin, la loi du 27 ventôse an VIII (18 mars 1800)
décide également que les jugements des tribunaux d'appel
ne pourront être rendus qu'à *sept juges* au moins, et ceux
des tribunaux de première instance à *trois juges* au
moins. De plus, l'article 12 portait : « Les suppléants
n'auront point de fonctions habituelles ; ils seront unique-
ment nommés pour remplacer momentanément, selon
l'ordre de leur nomination, soit les juges, soit les commissaires du ouvernement. » Les tentatives qui s'étaient

produites sous l'empire des lois précédentes se firent jour
de nouveau. On voulut conclure des dispositions préci-
tées de la loi du 27 ventôse an VIII, que cette loi ad-
mettait seulement le remplacement des juges par des
suppléants, — ce qui du reste ne pouvait avoir lieu que
dans les tribunaux de première instance, les tribunaux
d'appel n'étant pas pourvus de suppléants, — de telle
sorte que les hommes de loi n'auraient jamais pu être
appelés à juger.

Mais il est un document qui montre combien ce résultat
était contraire aux intentions du législateur ; c'est un avis
du Conseil d'État du 17 germinal an IX, approuvé le
même jour par le premier consul, et décidant qu'en cas
de partage dans le sein d'un tribunal d'appel, le parti le
plus sage que pût prendre ce tribunal était de « choisir
un départiteur parmi les hommes de loi ou avoués qui
auraient assisté à l'audience et entendu les plaidoiries. »
On sait qu'à cette époque la préparation des lois se faisait presque tout entière dans le sein du Conseil d'État,
où nous devons, par conséquent, en chercher l'esprit,
comme le faisait du reste le législateur lui-même en le
chargeant de les interpréter. Ceci est d'autant plus vrai,
dans le cas actuel, que Cambacérès n'avait pas encore
imaginé, — pour parer aux difficultés soulevées par les
premiers titres du Code civil, — la communication offi-
cieuse entre le Conseil d'État et le Tribunat, qui donnait à
ce dernier corps une certaine part d'influence. Or, l'avis
du 17 germinal an IX serait-il compréhensible, si, un an
à peine auparavant, le Conseil d'État avait entendu

refuser aux hommes de loi et avoués toute vocation à
siéger dans aucun cas parmi les juges, et enlever aux tribunaux la faculté de les appeler momentanément dans
leur sein pour ne pas interrompre le cours de la justice?
Le sens de la loi du 27 ventôse an VIII, c'est que les
juges suppléants disponibles devaient d'abord être appelés pour compléter le tribunal, et que c'est seulement
à défaut de juges suppléants qu'on prendrait des hommes
de loi. C'est ainsi, du reste, que la jurisprudence l'a entendu comme on peut s'en convaincre par un jugement
du tribunal d'appel de Toulouse du 6 fructidor an XI
(affaire Beaudecourt *contre* Dallac), le seul relevé sur
cette question.

Les textes que nous venons de parcourir, sauf la loi du
27 ventôse an VIII, ne parlent que du remplacement des
juges. Mais on doit les appliquer par *à fortiori* au ministère public. On ne comprendrait pas que l'avocat ou
l'avoué apte à remplir au besoin les fonctions de juge,
fût incapable de remplacer un officier du ministère
public empêché. Ceci a été pourtant contesté par un
arrêt de la Cour de Nîmes du 24 prairial an XIII (affaire
Martin). Mais cet arrêt est resté isolé, et la doctrine contraire a été consacrée par un arrêt de la Cour de Montpellier du 2 mars 1807, affaire Baumelon, et un autre de
la Cour de Paris du 4 août 1807, affaire Anger *contre*
Billet. « Attendu, dit ce dernier arrêt, que si les avoués
peuvent être appelés pour remplacer les juges, ils peuvent
l'être à plus forte raison pour remplacer le ministère public ; *que cet usage est toujours observé*, et est commandé

par le besoin de ne pas laisser entraver le cours de la justice. » (Voy. Merlin, *Question de droit*, v° Hommes de loi,
§ ɪ, t. II, p. 666.)

Cependant il avait été rendu, antérieurement à ces
arrêts, une loi qui semble contredire formellement leur
doctrine, au moins pour l'époque à laquelle elle se place;
c'est la loi du 22 ventôse an XII, dont l'article 30 est
ainsi conçu : « *A dater du* 1ᵉʳ vendémiaire an XVII
(23 septembre 1808), les avocats, selon l'ordre du tableau, et, après eux, les avoués, selon la date de leur
réception, seront appelés, en l'absence des suppléants,
à suppléer les commissaires des gouvernements et leurs
substituts. » Mais nous venons de voir l'arrêt de la Cour
de Paris du 4 août 1807 constater que la pratique leur
reconnaissait ce droit bien avant le 23 septembre 1808,
et indiquer en même temps la base solide sur laquelle il
reposait. Que signifie donc la disposition de la loi du
22 ventôse an XII? Voici comment elle peut s'expliquer :

En réorganisant l'ordre judiciaire, on venait de substi-
tuer les avocats et les avoués aux défenseurs officieux et
aux hommes de loi qui les avaient remplacés pendant la
période révolutionnaire; il pouvait donc paraître utile
de préciser formellement leurs prérogatives. Puis il était
resté une certaine incertitude, un certain arbitraire dans
le choix de la personne appelée pour compléter le tribunal; on pouvait choisir, sans règles bien fixes, parmi
les défenseurs officieux, comme le constate l'avis du Conseil d'État du 17 germinal an IX. L'article 30 de la loi
du 22 ventôse an XII écarte cette indétermination con-

traire à l'esprit de nos lois modernes, qui veulent que le choix des juges chargés de décider un procès dépende de règles immuables fixées d'avance; il précise l'ordre dans lequel chaque personne peut être appelée à remplacer les fonctions du ministère public, de telle sorte qu'il y aurait nullité, le cas échéant, si cet ordre était interverti. (Voyez dans ce sens des arrêts de la Cour d'Agen, du 28 janvier 1806, affaire Sanbour *contre* Couture, Dalloz, *Répert. alphab.*, v° Ministère public, n° 30; — de la Cour de Toulouse, du 1er février 1841, affaire Rer... *contre* N..., Dalloz, *ibid.*; — deux arrêts de cassation de la Cour de cassation, chambre civile, l'un du 14 janvier 1845, affaire Drut *contre* Boissac, Dalloz, *Recueil périod.*, 1845, IV-329; — l'autre du 27 décembre. 1853, affaire Saurel *contre* Duplantier, Dalloz, *Recueil périod.*, 1854, I-21; — enfin un arrêt de la Cour de Bastia, du 16 janvier 1856, Giustiniani *contre* Benetti, Dalloz, 1856, II-58).

Arrive, le 14 avril 1806, l'article 84 du Code de procédure civile décidant qu'« en cas d'absence ou d'empêchement des procureurs impériaux et de leurs substituts, ils seront remplacés par l'un des juges ou suppléants ». Ce texte fait renaître les prétentions hostiles aux droits des avocats et des avoués. On veut encore y voir l'abrogation des lois et des pratiques antérieures. Cette opinion est défendue par Demiau-Crouzilhac, dans ses *Instructions sur la procédure par principes* (publiées en 1811, p. 82), et par les auteurs du *Praticien* (tome I, p. 337, *aux notes*); elle est même adoptée par des arrêts de la Cour de Metz, du 10 avril 1811, affaire Vanderbruck *contre* Suiger (Dalloz, *Répert. alphab.*, v° Ministère public, n° 28); — de la Cour de Toulouse, du 9 janvier 1807, affaire Valette; — et de la Cour d'Aix, du 16 novembre 1824, affaire Andrieux *contre* Vaux. Cependant, au moins en ce qui concerne les avocats, elle était certainement erronée, car l'article 35, 3° alinéa, du décret du 14 décembre 1810, — postérieur par conséquent au Code de procédure, — décide « qu'ils (les avocats) seront appelés, » dans les cas déterminés par la loi, à suppléer les juges » et les officiers du ministère public, et ne pourront s'y » refuser sans motifs d'excuse ou empêchement. » Et nous ne devons pas oublier que la jurisprudence, d'accord avec la doctrine, reconnaît force de loi aux décrets du premier empire (voy. tome I⁻ʳ, p. 7). Mais il faut certainement aller plus loin et reconnaître que les avoués aussi bien que les avocats ont conservé à cet égard toutes leurs prérogatives anciennes. (Art. 49-2° du décret du 30 mars 1808.)

L'article 84 du Code de procédure civile a cependant eu un certain effet restrictif. D'après les textes antérieurs, pour que les avocats ou les avoués pussent être chargés du ministère public, il suffisait que les juges suppléants fussent empêchés. L'article 84 Proc. civ. introduit une condition de plus; il faut en outre que les juges eux-mêmes soient empêchés. Par conséquent, si le tribunal comptait quatre juges présents, titulaires ou suppléants, c'est l'un d'eux et non le plus ancien des avocats qu'il devrait déléguer pour remplir les fonctions du ministère public. Je crois même qu'il devrait encore le

faire si trois juges seulement étaient présents, sauf à
remplacer le juge ainsi désigné par le plus ancien avocat
ou avoué présent à l'audience, afin de compléter de nouveau le nombre de trois voix exigé pour la formation du
jugement. Ceci revient à dire que le plus ancien avocat
devrait être chargé des fonctions de juge plutôt que de
celles de ministère public.

Mais s'il avait déjà été nécessaire de compléter le tribunal en y appelant un avocat, on ne pourrait plus
prendre un des deux juges restant pour tenir lieu de ministère public, car il deviendrait alors nécessaire de le
remplacer par un second avocat, de telle sorte que
le tribunal ne compterait plus qu'un juge sur trois
personnes. Or, une délibération de la section des requêtes de la Cour de cassation, du 24 pluviôse an X,
prise sur la demande du procureur général Merlin pour
répondre à une lettre du ministre de la justice, a reconnu que le sens de l'article 16 de la loi du 30 germinal an V, cité plus haut, était qu'un tribunal ne pouvait s'adjoindre pour se compléter un nombre d'hommes
de loi supérieur à celui des juges restant. Et cette délibération fut bientôt confirmée par des arrêts du 23 thermidor
an X, 14 vendémiaire et 17 nivôse an XI (voy. Merlin,
Questions de droit, v° Hommes de loi, § II, t. II, p. 669).

La doctrine que nous venons d'exposer est adoptée
par la grande majorité des auteurs et des Cours. Voyez
Carré, *Lois de la procédure*, sur l'article 84 Pr. civ.,
n° 445; — Jacques Berriat-Saint-Prix, *Cours de procédure civile et criminelle*, eod.; — Ortolan et Ledeau, *Du*

ministère public en France, t. I, p. 16 ; — Boitard,
Leçons de procédure civile, t. I, n° 220 ; — Massabiau,
Manuel du ministère public, t. I, n° 58 ; — Thomines-
Desmasures, *Comment. sur le Code de procédure civile*,
t. I, n° 106 ;— Dalloz, *Répertoire alphabétique*, v° Minis-
tère public, n° 28. — Arrêts de la Cour de Paris du
4 août 1807, affaire Anger *contre* Billet ; — de la Cour
de Besançon, du 1ᵉʳ juin 1809, affaire Mornay *contre*
Maire ; — de la Cour de Nîmes, du 11 février 1822 et du
16 juin 1830, affaire Augeras *contre* veuve Chaudonson
(Dalloz, *Rép. alph.*, v° Ministère public, n° 28) ; — de la
Cour de Montpellier, du 14 janvier 1833, affaire Durand
Villaret *contre* Barascud ; — de la Cour de Toulouse, du
24 mai 1836, affaire Piesse. Il faut ajouter que les arrêts
cités tout à l'heure (p. 36), sur la question subsidiaire
de savoir s'il est nécessaire de suivre l'ordre du tableau,
résolvent implicitement la question actuelle.

Les longs développements historiques auxquels nous
venons de nous livrer montrent donc que le ministère public peut, accidentellement, être représenté par des
juges, des suppléants, des avocats ou des avoués. Est-ce
à dire que ces diverses personnes soient alors investies de
l'intégralité des fonctions du ministère public, et, pour
rentrer dans le sujet de notre étude, qu'elles aient le
droit d'exercer l'action appartenant au ministère public ?

La négative paraît certaine. En effet, la désignation
d'un représentant accidentel du ministère public par le
tribunal n'a d'autre but que de rendre l'audience possible, de ne pas laisser interrompre le cours de la justice.

comme le disent plusieurs arrêts; elle ne doit donc être légalement efficace que dans les limites nécessaires pour atteindre ce but: or, il suffit pour cela qu'il soit pris des conclusions à l'audience dans les affaires communicables, et de plus que la personne désignée pour remplacer le ministère public continue à en occuper le siége même pendant le cours des autres affaires, car elles sont susceptibles de devenir communicables si le tribunal l'ordonnait (voy. art. 83 *in fine* Pr. civ.). D'ailleurs la loi des 16-24 août 1790, dans son titre VIII, accorde au ministère public une attribution générale pour requérir l'application de la loi dans toutes les affaires, et son intervention peut devenir nécessaire par suite de certains incidents, par exemple au point de vue de la police de l'audience. (Voyez un jugement du tribunal de cassation, section des requêtes, du 9 ventôse an VI, affaire Galet *contre* Boisson; Dalloz, *Répert. alphab.*, v° Ministère public, n° 31.)

Mais il n'en résulte pas du tout que la personne chargée ainsi temporairement des fonctions du ministère public fasse partie de ce corps. Elle n'est nommée que pour une seule audience, et ses droits prennent fin avec cette audience; le tribunal ne pourrait, dans aucun cas, les prolonger au delà, et la Cour de cassation a même jugé qu'il y aurait de sa part excès de pouvoir à désigner d'avance celui des juges qui serait chargé de remplacer le ministère public en cas d'absence. (Arrêt de la Chambre des requêtes du 12 juillet 1836, affaire Mamert, Dalloz, *Répert. alph.*, v° Compétence administrative, n° 75-2°. Comparez *ibid.*, v° Instruction criminelle,

n°s 402 et 403, v° Ministère public, n° 25. — Voyez Massabiau, *Manuel du ministère public*, t. I, n° 60.) N'y
aurait-il pas d'ailleurs quelque chose de choquant à ce
que le délégué du tribunal fût chargé d'exercer une action, c'est-à-dire de le saisir, alors que le tribunal n'a pas
le droit de se saisir lui-même ?

Puis, ce qui donne au tribunal le droit de désigner
une personne pour remplir les fonctions du ministère
public, c'est l'absence des officiers de ce corps, et cette
absence il ne peut la constater qu'à l'audience. En dehors
de l'audience, le procureur impérial a peut-être pourvu
d'une manière quelconque à la gestion des intérêts qu'il
représente, et le tribunal n'a pas qualité pour s'en en-
quérir, car il n'a aucun droit de censure, même indirecte,
sur ses actes. Bien plus, il n'est jamais *légalement* sûr que
ni le procureur impérial ni son substitut ne soit présent
à son parquet, il ne le sait que par suite de relations
personnelles, ou de bruits qui n'ont évidemment rien
d'authentique. On peut donc dire que, pour les actes à
faire en dehors de l'audience, le ministère public n'est
jamais absent, et que dès lors il n'y a jamais lieu de pourvoir à son remplacement. Il n'est pas besoin d'ajouter
que l'exercice d'une action commence par des actes qui
ne se passent pas à l'audience. La personne chargée
temporairement des fonctions du ministère public doit
se borner à ce qu'on pourrait appeler les actes conser-
vatoires : elle donnera des conclusions dans les affaires
communicables, ou même dans les autres qui lui sembleraient l'exiger ; elle plaidera de son mieux les causes du

ministère public qui seraient appelées, si elle ne croit
pas préférable d'en demander le renvoi ; elle fera les réquisitions nécessaires pour la police de l'audience, pour
la répression des délits qui s'y commettraient, pour la
prononciation des amendes encourues par des officiers
ministériels à l'occasion de faits qui s'y révéleraient, etc...
Mais elle n'intentera pas d'action nouvelle, et, en général,
elle s'abstiendra des actes qui engageraient les droits du
ministère public et devraient se continuer bien au delà
du temps limité pendant lequel elle le représente.

Mais à côté des cas dont nous venons de parler, et où
les officiers du ministère public absents sont remplacés
par des juges, suppléants, avocats ou avoués, il y a
d'autres cas, d'une nature bien différente, où les fonctions du ministère public peuvent être exercées par des
juges suppléants.

Le décret du 16 mars 1808, confirmé par la loi du
20 avril 1810, établissait auprès des tribunaux et cours
des juges auditeurs et des conseillers auditeurs qui pouvaient être associés dans une certaine mesure aux travaux
du ministère public (voyez notamment l'ordonnance du
19 novembre 1823, art. 3). La loi du 10 décembre 1830
supprima les juges auditeurs (art. 1ᵉʳ), et décida qu'il ne
serait plus nommé de conseillers auditeurs (art. 2). Leur
travail devait tomber en partie sur les juges suppléants,
dont on augmenta le nombre à Paris (art. 4). En même
temps l'article 3 portait : « Les juges suppléants pourront être appelés aux fonctions du ministère public, si
les besoins du service l'exigent. — A Paris, le quart des

juges suppléants sera attaché au service du ministère
public sous les ordres du procureur du roi. » Les
termes mêmes de cet article montrent bien qu'il s'agissait
en réalité d'adjoindre de nouveaux membres au ministère public; bien que désignés à titre provisoire, ils n'en
restaient pas moins permanents, tant qu'il n'était pas
pourvu autrement aux nécessités du service. Aussi a-t-on
jugé avec raison que, dans ce cas, la désignation des juges
suppléants attachés au parquet ne devait pas être faite
par le tribunal, mais bien par le procureur impérial. (Voyez
arrêt de la Cour de cassation, chambre des requêtes, du
31 juillet 1837, annulant, pour excès de pouvoir, une
delibération du tribunal de Versailles du 24 août 1836;
Dalloz, *Répert. alphab.*, v° Ministère public, n° 27.) Les
juges suppléants ainsi attachés au parquet sont, en quelque sorte, des substituts provisoires, et ce caractère
provisoire n'a pas une grande importance quand il s'agit
de fonctions dont les titulaires sont toujours révocables
ad nutum : les uns comme les autres exercent d'une manière permanente tant qu'on ne leur enlève pas leur
charge. Ces juges suppléants possèdent donc les mêmes
droits que les substituts et doivent être traités comme eux
au point de vue qui nous occupe; il suffit par conséquent
de se référer à ce qui a été dit plus haut (pag. 22).

Nous en avons fini avec les diverses personnes qui peuvent exercer les fonctions du ministère public auprès du
tribunal de première instance. Quant au procureur général, on a vu tout à l'heure (pag. 21) qu'il pourrait ordonner au procureur impérial d'intenter l'action, et l'y

contraindre au besoin par des moyens disciplinaires, mais
par ceux-là seulement. Du reste il n'aurait pas le droit de
saisir lui-même le tribunal de première instance ; si le
procureur impérial refusait malgré tout de lui obéir, il
ne pourrait arriver à engager l'action qu'en le faisant
remplacer par un autre plus docile, ou en donnant l'ordre
au substitut du siége de l'exercer au lieu et place du
procureur impérial, comme si celui-ci se trouvait absent
ou empêché. La validité de cet ordre direct du procureur
général au substitut du procureur impérial ne paraît pas
contestable, et on l'a du reste reconnu en fait dans certains cas. (Voyez, par exemple, un arrêt de rejet de la Cour
de cassation, chambre criminelle, du 7 décembre 1833,
affaire Holleaux, Dalloz *Recueil alphabétique*, v° Appel
criminel, n° 188.)

Nous examinerons plus tard en parlant des voies de
recours quel est le membre du ministère public qui a le
droit d'exercer chacune d'elles.

Mais il est deux actions qui sont régies par des règles
toutes spéciales, c'est la demande en annulation d'actes
judiciaires entachés d'excès de pouvoir (loi du 27 ventôse an VIII, art. 80) et le pourvoi dans l'intérêt de la
loi (*ibid.*, art. 88). Ces deux actions sont portées directement devant la Cour de cassation.

La dénonciation des actes par lesquels les juges auraient
excédé leurs pouvoirs ne peut être faite que par le procureur général près la Cour de cassation, ou par l'avocat général qui le remplace, et par l'ordre exprès du
nistre de la justice. C'est le seul cas où la recevabilité

d'une action du ministère public soit subordonnée à un ordre du garde des sceaux. Du reste, cette exigence exceptionnelle se comprend très-bien, car il s'agit là d'une action qui appartient au gouvernement, comme l'exprime le texte de la loi de ventôse an VIII, et qui a pour but de le protéger contre les empiétements possibles du pouvoir judiciaire. Le ministère public ne joue qu'un rôle passif, et nous avons déjà dit qu'il ne pouvait se refuser à le remplir.

Le pourvoi en cassation dans l'intérêt de la loi n'est bien, si l'on veut, que la suite d'un procès déjà engagé ; mais il semble cependant constituer une affaire distincte, puisque les parties ne sont plus les mêmes, le ministère public prenant un rôle actif tout spécial qui efface celui des parties intéressées, et transforme complétement la physionomie du procès, où, dans le plus grand nombre des cas, il n'avait pas même le droit de figurer, ni en première instance, ni en appel. C'est pour ce motif que nous en parlons ici.

Le pourvoi dans l'intérêt de la loi ne peut être formé que par le procureur général près la Cour de cassation. Aucun des membres du ministère public près la juridiction qui a rendu la décision attaquée ne peut intenter le pourvoi dans l'intérêt de la loi, tandis qu'il aurait qualité pour former un pourvoi utile. Ce point résulte clairement du texte même de l'article 88 de la loi du 27 ventôse an VIII ; il est admis sans difficulté dans la doctrine, et il a été consacré par la jurisprudence de la Cour de cassation, dans un grand nombre d'arrêts rendus en

matière criminelle, où ces pourvois sont beaucoup plus
fréquents, et dont le dernier est du 11 novembre 1865
(Ch. crim., aff. Girault dit Belot, Dalloz, *Recueil pério-
dique*, 1866, I–95). A cet égard, du reste, les principes
sont absolument les mêmes en matière criminelle, où l'article 442 du Code d'instruction criminelle a été substitué
à l'article 88 de la loi du 27 ventôse an VIII, qu'en matière civile, où l'on est resté sous l'empire de ce dernier
texte. Il faut pourtant en excepter le cas d'une ordonnance d'acquittement, spécialement prévu par l'article 409 du Code d'instruction criminelle qui accorde
le droit de se pourvoir dans l'intérêt de la loi au « ministère public » sans autre spécification : d'où l'on a conclu
que, par exception, le procureur général près la Cour
impériale pourrait alors exercer ce pourvoi de la même
manière qu'un pourvoi utile.

Dans l'exercice de ce pourvoi, comme dans tous les
autres actes de son ministère, le procureur général près
la Cour de cassation est remplacé en son absence par le
plus ancien avocat général (ordonnance du 15 janv. 1826,
art. 48), qui exerce alors la plénitude de ses droits.
Le procureur général peut aussi, lorsqu'il est présent,
se faire remplacer par l'un ou l'autre des avocats généraux agissant en son nom, car il distribue entre eux le
service des audiences, comme il le juge à propos (ordonnance précitée, art. 47). Enfin, on admet que l'avocat
général de service à l'audience peut, en concluant au
rejet d'un pourvoi frappé d'une fin de non-recevoir ou
fondé sur de mauvais motifs, transformer de son seul

chef ce pourvoi utile en un pourvoi dans l'intérêt de la loi motivé par d'autres arguments, et sur lequel la Cour prononce par le même arrêt. C'est en procédant de cette manière qu'on arrive souvent à valider des pourvois dans l'intérêt de la loi incompétemment formés par le procureur général près une Cour impériale ou d'autres membres du ministère public. (Voyez une espèce de ce genre, Dalloz, *Recueil périodique*, 1852, 5ᵉ partie, vᵒ Cassation, nᵒ 41.)

Nous reviendrons, du reste, sur tous ces points avec plus de développement, en étudiant d'une manière spéciale les pourvois dans l'intérêt de la loi et les annulations pour excès de pouvoir.

Ajoutons seulement, en finissant, que tout officier du ministère public n'a qualité pour intenter l'action, comme pour accomplir les autres actes qui rentrent dans sa compétence, que lorsqu'il a prêté serment. « Les officiers du ministère public seront reçus et prêteront le serment devant les juges *avant d'être admis à l'exercice de leurs fonctions* », dit l'article 5, titre VII de la loi des 16-24 août 1790. C'est le serment seul qui leur imprime leur caractère public, qui leur « donne la puissance publique », comme disait déjà Loyseau, et qui rend leurs actes valides (voy. Carré, *Lois de la procédure*, t. I, p. 135 ; — Merlin, *Répertoire*, vᵒ Serment ; — Toullier, *Droit civil*, t. X, nᵒ 355 ; — Mangin, *Traité de l'action publique*, t. I, p. 96). Mais il ne faut pas confondre la réception avec l'installation, qui n'est qu'un cérémonial public à la première audience où siége le magistrat installé (Carré, *Lois*

de la procédure, t. I, p. 131). Quand l'officier du ministère public est promu à une fonction supérieure dans ce
corps, ou même à une fonction de même ordre dans un
autre tribunal, il doit renouveler son serment avant de
pouvoir faire les actes de cette nouvelle fonction (Instruction ministérielle du 27 octobre 1829).

Les juges suppléants attachés au parquet dans les conditions de la loi du 10 décembre 1830 paraissent devoir
être également soumis à l'obligation de renouveler le serment avant de faire les actes du ministère public.

Faut-il donner la même décision pour les juges, suppléants, avocats ou avoués, appelés à remplir temporairement les fonctions du ministère public en vertu
de l'article 84 Proc. civ., de la loi du 22 ventôse
an XII, etc.? Je ne le crois point, et la raison en est que
ces personnes, comme nous l'avons montré plus haut
(p. 39), ne deviennent pas membres du ministère public, n'acquièrent point l'intégralité de ses prérogatives,
et ne font que remplir accidentellement et momentanément certaines de ses fonctions, par une conséquence et
une sorte de développement des fonctions qu'elles exercent elles-mêmes principalement. Le serment qu'elles ont
prêté à l'entrée de ces dernières fonctions doit donc suf-
fire. C'est ce qui a été décidé en effet par un arrêt
de la Cour de cassation, section des requêtes, du 8 décembre 1813, affaire Nitôt (voy. Dalloz, *Répert. alphab.*,
v° Serment, et Merlin, *Questions de droit*, v° Hommes de
loi, § v, additions, p. 358). Un autre arrêt de la même
juridiction, du 22 mars 1831, ne contredit pas cette doc-

trine, mais exige la prestation préalable d'un nouveau
serment lorsque l'ancien a été prêté (il s'agissait d'un
avocat) sous un régime politique différent (voy. Dalloz,
Répert. alphab., v° Avocat, n°ˢ 275 et 276).

§ VI. — L'officier compétent du ministère public ne peut pas être récusé par la partie adverse.

Nous avons déterminé quel était dans chaque cas l'officier du ministère public chargé d'intenter l'action. Il
faut voir maintenant si cet officier ne peut pas être récusé à raison de circonstances particulières; car, si cette
récusation était possible, il est clair que sa compétence
passerait forcément à un autre officier du même corps.

L'article 381 du Code de procédure civile prévoit
expressément cette question, et voici comment il s'exprime : « Les causes de récusation relatives aux juges
» sont applicables au ministère public lorsqu'il est partie
» jointe; mais il n'est pas récusable lorsqu'il est partie
» principale. » Ainsi, l'officier du ministère public chargé
d'intenter l'action ne peut jamais être récusé. Cette règle
est parfaitement d'accord avec le principe posé au début
de ce chapitre, à savoir, que le ministère public partie
principale doit être traité comme le serait une partie
privée : en effet, on récuse un juge, mais on ne récuse
pas un adversaire. La distinction de l'article 381 est du
reste fort équitable et ses deux branches se rattachent à
la même idée. Comme partie jointe le ministère public
joue le rôle d'un rapporteur impartial qui éclaire les juges
et acquiert sur eux une influence qui peut devenir plus

ou moins décisive : il doit donc être aussi désintéressé que les juges eux-mêmes. Comme partie principale il est votre adversaire : n'êtes-vous pas exposé tous les jours à plaider contre un homme qui ne vous aime pas, contre un ennemi capital ? Songerez-vous à récuser sous un prétexte quelconque le mandataire qu'il a plu à votre créancier de choisir pour le charger de poursuivre en son nom ses débiteurs ?

Il ne faudrait pourtant pas exagérer cette idée et pousser à leurs conséquences extrêmes les motifs que nous donnons pour justifier l'article 381. Le procureur impéria se constitue sans doute l'adversaire d'un particulier, comme le ferait un plaideur ordinaire ; mais il ne cesse point pour cela d'être magistrat ; l'action qu'il exerce n'est point à lui, elle appartient à la société dont il n'est que le mandataire. Sous la robe, il doit donc oublier ses propres sentiments en épousant les querelles de la société, il doit s'absorber dans son mandant et, suivant l'énergique expression des Romains, n'en être que la voix, *vox mandantis*. Il manquerait au contraire à tous ses devoirs s'il subordonnait à ses affections ou à ses haines privées l'exercice des pouvoirs publics remis entre ses mains. Dans ce cas ce n'est pas l'institution qui serait en faute, c'est au contraire le magistrat qui aurait failli envers elle, en faussant son mandat, en représentant la société d'une manière infidèle. Outre la répression disciplinaire qui l'atteindrait avec justice, il serait encore exposé à une action distincte et personnelle en dommages-intérêts de la part des citoyens qu'auraient lésés des poursuites évi-

demment vexatoires. Nous verrons que cette action devrait être exercée sous la forme d'une prise à partie.

Il n'est pas besoin d'ajouter que, le ministère public
étant partie principale, son adversaire n'a pas plus le
droit de récuser l'officier qui accomplit un acte quelconque de la procédure, plaide contre lui à l'audience,
interjette appel ou se pourvoit en cassation, qu'il ne pourrait récuser celui qui intente les poursuites.

§ VII. — Les causes du ministère public sont dispensées du préliminaire de conciliation.

Le ministère public n'est jamais obligé de soumettre
au préliminaire de conciliation devant un juge de paix
(art. 48 du Code de Pr. civ..) la demande qu'il se
propose d'introduire devant le tribunal. Sans doute,
le préliminaire de conciliation est exigé en principe
d'une manière générale par l'article 48 Procédure
civile, et les textes spéciaux de la matière ne renferment
point d'exception formelle pour les cas où le ministère
public est partie principale. Mais ces cas rentrent tous
dans des exceptions prévues.

En effet, d'après les termes mêmes de l'article 48 Procédure civile, pour que la tentative de conciliation soit
nécessaire, il faut que la contestation s'élève entre des
parties capables de transiger et sur des objets qui peuvent
être la matière d'une transaction. Or, le ministère public
n'a pas le pouvoir de transiger : nous avons reconnu
qu'en général il était maître de son action et libre de
l'intenter ou non à son gré (voy. plus plus haut, p. 12),

mais il n'en résulte pas pour cela que les intérêts qu'il est chargé de défendre lui appartiennent, et qu'il ait le droit d'en disposer (voy. art. 2045 Code Nap.).

Lorsque le ministère public a la voie d'action, dans la grande majorité des cas, c'est que l'ordre public est intéressé, et alors il est bien évident que toute transaction est impossible, ce qui concerne l'ordre public étant placé en dehors du commerce (voy. art. 1128 C. Nap.).

Dans d'autres cas, le ministère public représente l'État ou des établissements publics, personnes morales dont les causes sont expressément dispensées du préliminaire de conciliation par le premier alinéa de l'article 49 Pr. civ. D'ailleurs, si une transaction pouvait et devait avoir lieu, ce n'est pas le ministère public, jouant ici le rôle d'un agent purement passif, qui aurait qualité pour la souscrire.

Cette raison s'appliquerait également aux circonstances dans lesquelles le ministère public, nanti du droit d'action par un texte spécial, nous a paru chargé de ce soin, non dans l'intérêt de l'ordre public, mais dans l'intérêt de certaines personnes qui ne pouvaient pas pourvoir elles-mêmes à leur défense (voy. tome Ier, p. 91), par exemple en matière d'absence, d'interdiction pour cause d'imbécillité ou de démence (art. 491 Code Nap.), et aussi dans l'hypothèse de l'article 1057 C. Nap.

Enfin, dans le cas prévu par l'article 200 Code Napoléon, où le ministère public représente des particuliers, il est évident que l'objet du litige n'est pas légale-

ment susceptible de transaction, et c'est même pour empêcher une transaction secrète et frauduleuse qu'a été
écrite la disposition toute exceptionnelle de cet article.

La dispense de la tentative de conciliation n'est donc
pas un privilége accordé aux demandes du ministère
public. Elle tient à ce que les actions où il figure comme
partie principale ne sont pas susceptibles de transaction,
et en même temps à ce que le ministère public est incapable de transiger. Ces deux circonstances ayant évidemment la même influence lorsque le ministère public
est défendeur que lorsqu'il est demandeur, la dispense
de conciliation existe dans le premier cas comme dans le
second.

§ VIII. — De l'acte qui engage l'action, et de celui qui lie
l'instance.

L'acte qui engage l'instance, c'est l'exploit d'ajournement par lequel le demandeur assigne le défendeur devant le tribunal.

I. — Supposons d'abord que le ministère public est
demandeur, et voyons comment doit être fait l'ajournement, en nous inspirant du principe posé au début de
ce chapitre, qu'il faut traiter le ministère public partie
principale comme le serait un simple particulier.

L'exploit d'ajournement est signifié à la requête du
procureur impérial, par un huissier, conformément aux
prescriptions de l'article 68 Procédure civile, c'està-dire à la personne ou au domicile du défendeur.
Lorsque celui-ci habite le territoire français hors du con-

tinent ou est établi chez l'étranger, l'article 69-9° ordonne
de remettre l'exploit au domicile du procureur impérial,
qui le fait parvenir au ministre de la marine dans le
premier cas, à celui des affaires étrangères dans le second.

En écrivant cette dernière disposition, le législateur ne
songeait point au cas tout particulier où, l'action étant
intentée par le ministère public, le procureur impérial
se trouverait ainsi recevoir lui-même l'exploit d'ajournement qu'il aurait fait signifier. C'est là sans doute une
situation un peu irrégulière, puisque le soin d'avertir le
défendeur est confié précisément au demandeur, intéressé à obtenir contre son adversaire un jugement par
défaut, où l'absence de contradiction rend toujours la
victoire bien plus facile. Cependant, comme la loi n'indique aucune autre marche, il faut bien accepter celle-là.
Mais le procureur impérial devra se souvenir, en recevant
cet exploit, qu'il reprend pour un instant son rôle ordinaire de magistrat impartial, qu'il représente momentanément son adversaire, et qu'il doit protéger loyalement
ses intérêts en faisant tout ce qui dépendra de lui pour
l'avertir en temps utile.

Le législateur s'est défié quelquefois de la collusion
possible des huissiers avec les parties (Voy. par exemple
art. 153, 156 et 435 Pr. civ.) pour *souffler* les exploits
et faire condamner par défaut des gens qui n'auraient
pas été avertis des poursuites. Mais le caractère et la
haute position du ministère public rendent de pareils
actes bien peu probables de sa part. D'ailleurs toute garantie ne fait pas absolument défaut, car le procureur

impérial doit transmettre l'exploit au ministre de la marine ou à celui des affaires étrangères, et, s'il ne le faisait point, on aurait ainsi un moyen assez facile de prouver la faute très-grave qu'il aurait commise. Lorsque le défendeur cité de cette manière fait défaut, il serait juste que le procureur impérial fût obligé de justifier, avant d'obtenir le profit du défaut, qu'il a bien rempli sa mission, en faisant parvenir l'exploit au ministre compétent. Mais les termes de l'article 69-9° ne semblent point permettre au tribunal d'exiger cette justification.

L'huissier doit observer comme d'ordinaire les diverses prescriptions du titre des ajournements relatives à la confection ou à la remise des exploits, notamment les articles 62, 63, 67, 68 et 71. Il faut appliquer aussi la seconde partie de l'article 65 Pr. civ., exigeant la copie dans l'acte d'ajournement des pièces sur lesquelles la demande est fondée. Quant à la première partie de cet article, relative à la copie du procès-verbal de non-conciliation, il est évident qu'on ne doit en tenir aucun compte, puisque la tentative de conciliation n'est pas nécessaire. Enfin l'article 66 Pr. civ. ne s'appliquerait pas non plus en cas de parenté de l'huissier avec le procureur impérial ou tout autre membre du parquet; le motif de cette décision est le même que celui qui fait écarter les articles 368 et 378 Pr. civ. dans un cas analogue (voy. plus loin, p. 83).

L'article 61 Pr. civ., complété sur un point par l'article 64, indique les mentions que doit contenir l'exploit d'ajournement pour être valable. Voici l'article 61 :

« L'exploit d'ajournement contiendra : 1° la date des jour, mois et an; les noms, profession et domicile du demandeur; la constitution de l'avoué qui occupera pour lui et chez lequel l'élection de domicile sera de droit, à moins d'une élection contraire par le même exploit ; 2° les noms, demeure et immatricule de l'huissier, les noms et demeure du défendeur et mention de la personne à laquelle copie de l'exploit sera laissée ; 3° l'objet de la demande, l'exposé sommaire des moyens ; 4° l'indication du tribunal qui doit connaître de la demande, et du délai pour comparaître : *le tout à peine de nullité.* »

Ces diverses mentions peuvent se résumer ainsi : 1° la date ; 2° la désignation du demandeur ; 3° celle du défendeur ; 4° celle de l'huissier et de la personne à laquelle il remet l'exploit ; 5° l'objet de la demande et les moyens ; 6° le tribunal qui doit connaître et le délai pour comparaître. Il est clair que toutes ces mentions sont des éléments indispensables d'un acte d'ajournement et que, si elles faisaient défaut, cet acte ne pourrait atteindre son but. Aussi reconnaît-on sans difficulté que l'exploit fait à la requête du ministère public serait nul s'il ne les contenait pas tout aussi bien que l'exploit rédigé pour le compte d'un particulier.

Mais il est une dernière formalité exigée par l'article 61 à peine de nullité, c'est la constitution d'avoué. Et cette exigence est fort naturelle puisque devant un tribunal civil, sauf de très-rares exceptions (1), on ne comparaît

---

(1) Voyez plus loin page 59 et la note.

valablement que par ministère d'avoué, de telle sorte que
si l'on vient seul, en personne, on se voit condamné par
défaut. En fait, le ministère public ne constitue presque
jamais d'avoué : il occupe lui-même et en remplit les
fonctions.

Cette pratique semble condamnée par le texte de l'article 61 qui exige toujours la constitution d'avoué sans
faire aucune distinction en faveur du ministère public.
Mais en même temps il faut reconnaître qu'elle a l'avantage d'éviter des frais inutiles, et que si elle constitue une
dérogation aux règles ordinaires, une exception au principe que le ministère public, partie principale, doit être
traité en tout comme le serait un simple particulier, au
moins elle ne porte aucun préjudice à la partie privée
qui plaide contre le ministère public, et c'est ce qui doit
décider à l'accepter, tout en regrettant de ne pas la voir
consacrée par un texte formel.

Du reste on peut remarquer, pour la justifier, qu'à la
différence des particuliers le ministère public figure
toujours en personne devant le tribunal; d'un autre
côté il possède toutes les connaissances spéciales nécessaires pour la direction de la procédure, connaissances qui
manquent d'ordinaire aux parties privées, ce qui a décidé
le législateur à y suppléer, en leur imposant un mandataire qui présentât des garanties légales de capacité.

Quant à l'élection de domicile (voy. art. 61-1° Pr.
civ.), elle est inutile, le procureur impérial ayant nécessairement son domicile, comme magistrat, dans son parquet : cette élection doit donc être sous-entendue comme

l'est celle d'une partie chez son avoué, et il ne lui serait même pas permis d'en faire une autre.

Bien que le ministère public soit autorisé, par une pratique que nous acceptons, à ne pas constituer avoué, il conserve toujours le droit de le faire comme tout le monde, s'il juge cette marche plus utile à la défense des intérêts remis entre ses mains, et il y a même des circonstances où l'on procède fort souvent ainsi, par exemple en matière domaniale, où le préfet, dans un grand nombre de cas, constitue avoué, en même temps qu'il charge le ministère public de la défense des intérêts du domaine. L'adversaire du ministère public ne peut l'empêcher de suivre cette marche, puisque c'est elle qui est indiquée par le droit commun, et il ne peut même pas la critiquer sous prétexte qu'elle augmente le chiffre des frais qui retomberont à sa charge s'il vient à perdre son procès. Voyez les arrêts : de la Cour de Bourges du 7 février 1828, préfet du Cher contre Rabillon ; — de la Cour de Poitiers du 5 février 1829, préfet de la Vienne contre Lamy ; — de la Cour de Toulouse du 29 juin 1831, Narbonne-Larra contre préfet de Tarn-et-Garonne ; — de la Cour de Paris du 2 juin 1834, préfet de l'Aube contre commune d'Aix-en-Othe (Dalloz, *Rép. alphab.*, v° Domaine de l'État, n° 383). Cette doctrine a été consacrée par l'article 12 d'un règlement du ministre des finances du 3 juillet 1834.

Le délai d'ajournement est de huit jours, comme d'ordinaire (art. 72 Pr. civ.), sauf les délais spéciaux, réglés par l'article 73 Procédure civile, pour les personnes qui habitent hors de la France continentale. Le

ministère public ne saurait avoir aucun privilége à cet
égard. Mais dans les cas qui requerront célérité, il pourra,
en vertu du second alinéa de l'article 72 Procédure
civile, demander, par requête au président du tribunal,
l'autorisation d'assigner à bref délai.   ·

La partie assignée par le ministère public doit constituer avoué dans les délais de l'ajournement (art. 75 et
76 Pr. civ.). Toutefois, lorsqu'il s'agit de simples con-
traventions commises par des officiers de l'état civil
(voy. art. 50 et 53 C. N.), ou par d'autres officiers publics, et dont la répression, par une exception introduite
en leur faveur, est confiée au tribunal civil, la constitution d'avoué n'est pas nécessaire. L'officier public in-
culpé peut comparaître lui-même pour fournir les expli-
cations qu'il jugera convenables; mais il peut aussi se
faire représenter, — sauf au tribunal à ordonner, le cas
échéant, sa comparution personnelle (voy. art. 119 Pr.
Civ.), — ou se faire assister d'un avocat(1). Si, ce qui est

(1) En matière d'enregistrement, la loi du 27 ventôse an IX, article 17, dispense expressément les parties privées de constituer avoué ; mais ce n'est là
qu'une simple faculté, qui a pour but de diminuer les frais, et dont on est toujours libre de ne pas user. Seulement l'intervention d'un avoué ne change rien
aux règles de la procédure simplifiée imposée par la loi, et la partie qui a recours
à son assistance doit supporter dans tous les cas ses honoraires, lors même qu'elle
obtiendrait gain de cause. Du reste, en matière d'enregistrement, où les plaidoieries sont interdites, le ministère public n'est jamais chargé de défendre
l'État comme dans les matières domaniales. Cependant la régie de l'enregistrement et des domaines ayant l'administration des biens domaniaux, l'article 4
de la loi des 19 août-12 septembre 1791 la charge de poursuivre le recouvrement
de leurs revenus (Voy. les auteurs cités par Dalloz, *Rép. alphab.*, vº Domaine
de l'État, nº 304, et vº Enregistrement, nºˢ 5737 et 5744. Voy. aussi ce qui
est dit plus loin, chapitre *Des affaires domaniales*). Dans ces instances où les
plaidoieries sont permises (voy. Arrêts de la Cour de cassation, sect. des
Requêtes, du 16 juin 1807, aff. Rouly, et de la Cour de Rennes du 12 août

de beaucoup le cas le plus fréquent, le ministère public
n'a pas constitué d'avoué, l'acte par lequel son adversaire
constitue le sien doit être signifié au Procureur impérial
lui-même, en son parquet, et du reste dans la forme
ordinaire. Les deux parties sont désormais en présence,
et l'instance se trouve liée.

II. — Prenons maintenant l'hypothèse inverse, celle
où le ministère public est défendeur. Son adversaire doit
l'assigner dans la personne du procureur impérial près le
tribunal compétent, et l'assignation doit être remise au
parquet, car c'est là qu'il réside comme magistrat. Dans
cette hypothèse, l'exploit d'ajournement ne présente rien
de particulier, si ce n'est qu'il ne contient point la copie
du procès-verbal de non-conciliation ou la mention de
non-comparution exigée par l'article 65 Procédure civile, puisque la tentative de conciliation n'est pas nécessaire pour les demandes où le ministère public figure
comme partie principale.

Les délais de l'ajournement sont également ceux du
droit commun. Dans ces délais, le procureur impérial doit
signifier à l'avoué, sinon sa propre constitution d'avoué,
puisqu'il est dispensé de la faire, et ne la fait presque
jamais, du moins un acte qui a la même forme et en tient
lieu. C'est cet acte qui lie l'instance.

Cependant d'excellents esprits trouvent qu'un acte de

1811; Dalloz, *Rép. alph.*, v° domaine de l'État, n° 381), elle peut aussi se faire
représenter par le ministère public (voy. jugements du tribunal de cassation du
20 nivôse an XI (affaire Enregistrement *contre* Lefebvre), du 13 pluviôse
an XI (Régie des domaines *contre* Creilleux) et deux du 4 ventôse an XI
(Domaine *contre* Neveu et Dévérité, et *contre* Gontier).

ce genre n'est pas nécessaire. Et en effet, disent-ils, le seul but de cet acte, c'est de constituer un avoué : « Le défendeur sera tenu, dans les délais de l'ajournement, *de constituer avoué, ce qui se fera* par acte d'avoué à avoué... » Tels sont les termes mêmes de l'article 75 Procédure civile. Or, si le ministère public ne constitue pas avoué, cet acte n'a plus aucune raison d'être.

Cet argument ne manque pas assurément d'une grande force. Mais il est permis de remarquer que si l'acte dont parle l'article 75 Procédure civile a pour but principal la constitution d'avoué, il produit également d'autres effets qui sont ses buts accessoires. N'est-il pas avant tout l'accusé de réception de l'ajournement, si je puis ainsi parler, de telle·sorte que le défendeur ne peut plus prétendre qu'il ne l'a pas reçu et qu'il n'en a pas eu connaissance? Cet acte signifie que la partie attaquée accepte le débat, qu'elle se présente pour répondre, qu'elle comparaît; c'est seulement à titre de suite et de conséquence de cette première idée qu'elle indique la personne qui la représentera, l'avoué qu'elle constitue. Enfin cet acte constate la renonciation au droit qu'avait la partie de faire défaut, en ne comparaissant pas du tout, et de laisser ainsi porter contre elle un jugement qu'elle pourrait, jusqu'à son exécution, faire tomber par une opposition.

Ainsi considéré, l'acte de l'article 75 Procédure civile devient bien plus complexe qu'il n'en avait l'air au premier abord. Quoiqu'il ne contienne plus la constitution d'avoué, cela ne l'empêchera pas de conserver ses autres caractères qui lui maintiendront une certaine utilité et

ne le laisseront pas s'évanouir dans le vide. Puis, s'il ne
contient pas de constitution d'avoué, et par cela seul qu'il
n'en contient pas, il signifie que le procureur impérial se
constitue lui-même, que c'est lui qui jouera le rôle
d'avoué, que c'est à lui qu'il faut envoyer ce qu'on
adresserait dans les cas ordinaires à l'avoué. Il est du
reste bien entendu que cela ne l'empêcherait pas de constituer avoué plus tard ; mais ce nouvel acte serait l'équivalent d'une révocation d'avoué accompagnée de la constitution d'un autre (art. 75 *in fine* Pr. civ.); il se révoque,
en quelque sorte, lui-même de ses fonctions d'avoué et
désigne un avoué pour les continuer.

Le ministère public se trouve, sous ce rapport, dans
une situation analogue à celle d'un avoué auquel arrive un
procès personnel. Cet avoué n'a pas besoin non plus de se
faire représenter au procès par un autre ; il peut occuper
pour lui-même. Mais cette circonstance le dispense-t-elle
de répondre, par un acte de constitution, à l'ajournement qu'il a reçu? Non assurément. Pourquoi donc pro-
duirait-elle cet effet lorsqu'il s'agit du ministère public?

D'un autre côté, si l'on dispense le procureur impérial
de faire l'acte exigé par l'article 75 Pr. civ. lorsqu'il
ne constitue pas avoué, on est cependant obligé de le
laisser jouir du délai de l'ajournement (voy. art. 72
Pr. civ.), dont le but est de permettre la signification de
cet acte, car le procureur impérial a le droit de constituer avoué si bon lui semble, comme nous l'avons dit
tout à l'heure (p. 58), et il peut naturellement user de
ce droit jusqu'à l'expiration complète du délai de hui-

taine franche. Le délai de quinzaine pour la signification des défenses (voy. art. 77 Pr. civ.), qui doit partir de la constitution d'avoué, ne commencerait ici à courir qu'après l'extinction complète du délai d'ajournement, c'est-à-dire au bout de dix jours. Le procureur impérial pourrait donc rester près d'un mois sans donner signe de vie, sans que son adversaire apprît si l'exploit d'ajournement lui est parvenu et s'il accepte le débat.

Or une aussi longue incertitude est évidemment contraire aux intentions du législateur qui a voulu la restreindre dans les limites les plus étroites possibles. S'il n'avait pas eu cette préoccupation, il aurait naturellement réuni la constitution d'avoué à la signification des défenses, ce qui faisait un acte de moins dans la procédure. Mais la préparation des défenses exigeant nécessairement un délai assez long, il ne voulut pas que la situation restât aussi longtemps indécise, et c'est pour cela qu'il institua un délai spécial, plus court, pour la constitution d'avoué.

Il y a donc utilité à maintenir ces deux délais distincts, ayant l'un et l'autre leur but particulier et dont la longueur a été déterminée sur une mesure différente d'après les exigences propres de chacun de ces buts. Or, on n'y arrive qu'en imposant au procureur impérial, comme à tout le monde, l'acte dont parle l'article 75 Pr. civ., et ce que nous avons dit précédemment montre qu'il sera facile de le dresser, malgré l'absence de constitution d'avoué.

Le système que nous combattons a un autre inconvénient, c'est d'ouvrir la porte à une controverse dont notre doctrine empêche au contraire la naissance.

Qu'arrivera-t-il, en effet, si au bout des vingt-cinq jours produits par le cumul du délai de l'ajournement et du délai pour la signification des défenses, qu'arrivera-t-il si le procureur impérial n'a ni constitué d'avoué ni signifié de défenses? Si le défendeur n'a point fourni ses défenses dans le délai de quinzaine, dit l'article 79 Pr. civ., le demandeur poursuivra l'audience « sur un simple acte d'avoué à avoué.» On arrivera donc à l'audience, et là, si le ministère public ne conclut pas, ou s'il déclare expressément vouloir faire défaut, ce qui est le droit de tous les plaideurs, à quel genre de défaut avons-nous affaire?

Faudra-t-il le considérer comme un défaut prononcé contre une partie ayant un avoué et lui appliquer l'article 157 Pr. civ. qui déclare l'opposition recevable pendant huit jours seulement à partir de la signification du jugement? Ou bien faudra-t-il y voir un défaut contre une partie qui n'a pas d'avoué et permettre, en conséquence, l'opposition, avec l'article 158 Pr. civ., jusqu'à l'exécution du jugement? La question est certainement embarrassante; et j'ajoute que si l'on se décide à voir là un défaut contre partie, l'acte d'avoué à avoué sur lequel on a poursuivi l'audience devrait paraître irrégulier, car le ministère public n'ayant point encore déclaré qu'il prenait sur lui la procédure au lieu et place d'un avoué, cet acte ressemblerait fort à celui qu'on signifierait, dans une instance ordinaire entre particuliers, à un avoué qui n'a pas été constitué. Il est évident que l'article 79 Pr. civ. ne doit pouvoir conduire qu'à un défaut contre avoué, et l'on s'en servirait ici pour aboutir à un défaut contre partie. La procédure qui doit mener à ce dernier genre de défaut, ce n'est pas après le délai des défenses qu'il faut la faire, c'est après le délai de l'ajournement.

Dans notre système, au contraire, aucune difficulté ne peut s'élever de ce chef, et la procédure n'est pas modifiée. D'après ce système en effet, le ministère public est tenu comme tout autre plaideur de faire signifier, dans le délai de l'ajournement, l'acte indiqué par l'article 75 Pr. civ. et contenant ou non constitution d'avoué.

Si le procureur impérial ne remplit pas cette obligation, le demandeur, le délai une fois éteint, fera appeler la cause à l'audience (voy. art. 150 Pr. civ.), et il y aura lieu de voir alors si le défaut doit être prononcé contre le ministère public et comment : c'est une question que nous examinerons plus loin en parlant du défaut (deuxième section de ce chapitre, § V, p. 143). Mais dans tous les cas il n'est pas douteux que si le défaut est prononcé ce sera un défaut contre partie, faute d'avoir constitué avoué ou de s'être constitué lui-même, comme il en avait le droit.

Si, au contraire, le ministère public a fait signifier, dans la huitaine de l'ajournement, l'acte indiqué par l'article 75, Pr. civ., il est désormais dans l'instance, et il ne peut plus en sortir, quoi qu'il fasse, jusqu'à ce que l'instance elle-même s'éteigne. Il s'est constitué lui-même : il lui est impossible de se révoquer, de se *déconstituer*, si je puis ainsi dire, sans constituer en même temps un avoué à sa

place. L'article 75 le déclare formellement en ces termes :
« Le défendeur et le demandeur ne pourront révoquer
leur avoué sans en constituer un autre. Les procédures
faites et jugements obtenus contre l'avoué révoqué et non
remplacé seront valables. » Dès ce moment, c'est-à-dire
dès que l'acte exigé par l'article 75 aura été signifié, le
défaut contre partie est devenu impossible, et tout défaut
qui serait prononcé ensuite ne pourrait plus être qu'un
défaut faute de conclure ou contre avoué régi par les articles 157 et 160 Pr. civ.

Ainsi le système que nous adoptons évite des difficultés,
et il a en outre le mérite d'appliquer rigoureusement le
principe général posé au début de ce chapitre que le ministère public doit être traité absolument comme un particulier. C'est là le flambeau qui doit nous guider dans
l'examen de cette procédure, et, pour nous excuser d'en
détourner les yeux, il faut que nous puissions montrer les
obstacles infranchissables qui nous ont empêché de le
suivre jusqu'au bout.

DEUXIÈME SECTION.

COMMENT L'ACTION SE POURSUIT ET SE PLAIDE.

§ I. — De la forme des actes de la procédure et de leur signification. — Des droit fiscaux qui les frappent.

I. — Pendant le cours de l'instance, de même qu'à son
début, le ministère public doit être traité en tout, autant
que possible, comme une partie ordinaire. Les divers actes

de la procédure seront donc dressés dans la même forme
que si les deux plaideurs étaient de simples particuliers,
sauf les différences qui résultent de ce que le ministère
public n'a pas constitué d'avoué.

Par suite de cette circonstance, le procureur impérial
cumule deux rôles ordinairement distincts dans la procédure civile, celui de partie et celui d'avoué; c'est donc
à lui, et en son parquet où il a son domicile légal comme
magistrat, que doivent être adressées toutes les significations remises aux avoués dans les autres causes. C'est à
lui aussi qu'il faut signifier les actes qu'on doit faire parvenir aux parties elles-mêmes, d'après les règles générales de la procédure, excepté, toutefois, lorsque le Ministère public ne figure au procès qu'à titre de représentant
de personnes tierces, comme le domaine, les fabriques
d'église, certains établissements publics, ou des tiers intéressés dans le cas de l'article 200 du Code Napoléon
(voyez sur ces cas plus haut, p. 15). Alors les véritables
parties, ce sont ces tierces personnes, et non plus le ministère public : c'est donc à elles qu'il faut adresser les
actes signifiés d'ordinaire aux parties; le procureur impérial ne conserve plus que le rôle de l'avoué, et reçoit
seulement les communications qui sont toujours réservées à cet officier ministériel. Voyez les arrêts de la Cour
de Nancy, du 12 février 1827, affaire commune du Ban-
de-Girancourt contre préfet des Vosges, Dalloz, *Répert.*
alphab., v° Domaine de l'État, n° 373; — de la Cour de
Bordeaux du 21 août 1839; — de la Cour de Toulouse
du 27 mars 1844, affaire Domaine contre commune de

Montmirail, Dalloz, *Répert. alphab.*, v° Domaine de l'État, n° 371 ; — de la Cour de Nancy du 24 novembre 1831, et de la Cour de cassation, chambre civile, du 24 juillet 1833, affaire préfet de la Meuse contre commune de Lavignevile, Dalloz, *Répert. alphab.*, v° Domaine de l'État, n° 369, etc.).

D'un autre côté, le procureur impérial (ou son substitut à sa place) remplissant les fonctions d'avoué, rédige tous les actes de la procédure dans les mêmes formes qu'un avoué, et, suivant les cas, les fait signifier par huissier, soit à la partie adverse, soit à son avoué. Les significa - tions réservées aux huissiers audienciers par les règles générales leur appartiennent exclusivement comme d'or- dinaire. Enfin dans les cas où le législateur décide que la signification sera faite par un huissier commis, c'est-à- dire indiqué par le tribunal ou le président (voy. par exemple art. 153, 156, 350, 435, 808 Pr. civ.), cette for- malité, destinée à éviter la collusion possible de l'huissier avec la partie, reste obligatoire pour les actes signifiés à la requête du procureur impérial comme pour tous les autres.

II. — La loi du 22 frimaire an VII (12 dé- cembre 1798) sur l'enregistrement, article 70, § 1er, 2e alinéa, ordonnait d'enregistrer en débet « les actes faits à la requête des commissaires du Directoire exé- cutif près les tribunaux » (aujourd'hui les procureurs gé- néraux et impériaux) ; et le 5e alinéa du même § 1er étendait cette décision aux actes et jugements qui inter- viendrait sur ceux-là. Il ne s'agit point, bien entendu,

d'une exemption définitive, mais d'un simple délai pour
la perception du droit qui reste toujours dû, comme l'indique, du reste, le terme même de *débet*. Après la condamnation des parties poursuivies le droit devient
exigible. La fin du § 1er de l'article 70 est formel sur ce
point. « Il y aura lieu de suivre la rentrée des droits
» d'enregistrement de ces actes, procès-verbaux et juge-
» ments contre les parties condamnées d'après les ex-
» traits des jugements qui seront fournis aux préposés
» de la régie par les greffiers. »

Lors de la promulgation de cette loi, en l'an VII, on
était encore sous l'empire de l'article 2, titre VIII, de la
loi des 16-24 août 1790 qui interdisait la voie d'action
au ministère public en matière civile, de sorte que cette
disposition ne pouvait y avoir qu'une utilité assez res-
treinte. Mais, peu de temps après la promulgation des
premiers titres du Code Napoléon, qui consacraient formellement, dans certains cas, le droit d'action du ministère public en matière civile, une instruction de la régie
du 22 vendémiaire an XII (n° 169) reconnut que l'article 70 de la loi du 22 frimaire an VII s'appliquait
aux actions du ministère public devant les tribunaux civils.

Enfin, d'après les articles 118, 121 et 122 du Tarif
des frais, décrété le 18 juin 1811, les frais de ces procédures sont avancés par l'administration de l'enregistrement sur le pied du tarif ordinaire, et les actes auxquels
elles donnent lieu sont visés pour timbre et enregistrés en
débet, conformément à l'article 70 de la loi du 22 frimaire an VII.

Mais il s'agit toujours là de simples avances, de mesures provisoires; lorsque l'adversaire du ministère public est condamné, il doit rembourser les avances faites par l'administration de l'enregistrement et payer les droits ordinaires sur tous les actes visés pour timbre et enregistrés en débet. Si la nature essentielle et le nom même de cette dispense ne semblaient point suffisants pour établir qu'elle doit toujours être entendue ainsi, le renvoi à l'article 70 de la loi de l'an VII, qui le dit en termes exprès, lèverait toute espèce de doute. D'ailleurs, dans le décret de 1811, l'article 119 applique formellement ce système au seul cas traité avec quelque développement, celui d'interdiction poursuivie d'office par le ministère public, qui forme un chapitre distinct, le premier du titre II, et il étend même l'obligation de payer les frais, non-seulement à l'interdit, mais encore, en cas d'insuffisance de ses biens personnels, à ses père, mère, époux ou épouse, qui étaient tenus plus strictement que personne, par les liens étroits qui les unissaient à l'insensé, de poursuivre eux-mêmes son interdiction. C'est au chapitre II de ce même titre II que se trouvent les articles 121 et 122 qui prévoient les autres cas et déclarent leur appliquer en bloc ce qui a été dit « dans le chapitre précédent ». Cette référence générale comprend donc aussi bien l'article 119 que l'article 118, et montre que l'auteur du décret de 1811 entendait formellement reproduire sans les modifier les prescriptions de la loi de l'an VII.

Toutefois, l'article 120 du décret de 1811 introduit un

adoucissement au principe, dans un cas particulier, celui de l'interdiction d'office, lorsque l'interdit et ses père, mère, époux ou épouse sont dans un état d'indigence dûment constaté. Alors, les actes visés pour timbre et enregistrés en débet sont définitivement exemptés des droits, et l'on ne passe en taxe exécutoire que « les salaires des huissiers et l'indemnité due aux témoins non parents ni alliés de l'interdit. » (Voy. Instruction de la Régie du 18 juillet 1811, n° 531.) Mais le soin qu'on met à indiquer cette exception partielle prouve lui-même qu'on entendait confirmer la règle générale.

Du reste, cette règle n'a pas été contestée en principe, et nous n'y aurions pas insisté si les termes de l'article 121 du décret de 1811 n'avaient servi de base, en ce qui concerne le règlement des dépens dans le cas où le ministère public est condamné, à un argument qui paraît impliquer une notion inexacte sur la nature de la dispense dont nous nous occupons ici.

III. — Il y a cependant des circonstances dans lesquelles les actes faits à la requête du ministère public doivent être enregistrés gratis, et non pas seulement en débet, comme nous venons de l'expliquer. Il ne s'agit plus alors d'un simple débet pour la perception du droit : c'est bien une décharge définitive. Mais ces circonstances, du reste tout exceptionnelles, n'ont été prévues que plusieurs années après le décret de 1811 (1), par la loi du

_____

(1) Cependant la décision ministérielle du 6 brumaire an XI, citée tome Ier,

25 mars 1817, dont l'article 75 ordonne d'enregistrer gratis « les actes de procédure et les jugements à la requête du ministère public ayant pour objet : 1° de réparer les omissions et de faire les rectifications, sur les registres de l'état civil, d'actes qui intéressent les individus notoirement indigents ; 2° de remplacer les registres de l'état civil perdus ou incendiés par les événements de la guerre et de suppléer aux registres qui n'auraient pas été tenus ».

L'article 8 de la loi du 3 juillet 1846 agrandit beaucoup l'exception introduite, en faveur des indigents, par le 1° de l'article 75 de la loi de 1817, et l'étendit notamment, — pour ne point parler de ce qui sort de notre sujet, — aux divers actes qu'on peut avoir à produire dans le courant de la procédure. Une ordonnance du 30 décembre 1846 et une instruction de la Régie (n° 1774) du 31 décembre même année déterminèrent les conditions qu'il faudrait remplir pour être considéré comme indigent et avoir droit en conséquence au bénéfice de cette loi, ainsi que les précautions à prendre pour éviter les abus.

IV. — En consacrant le principe général qui règle la manière de pourvoir provisoirement aux dépenses de la procédure jusqu'à ce que l'issue du procès permette de savoir qui devra définitivement les supporter, en décidant que les actes faits à la requête du ministère public

page 363, avait déjà octroyé ce privilége aux actions en rectification des actes de l'état civil concernant les indigents, actions qu'elle autorisait le ministère public à intenter d'office.

seront enregistrés en débet et visés pour timbre, et que les autres frais de ces actes seront avancés par l'administration de l'enregistrement, les articles 117, 121 et 122 du décret du 18 juin 1811 visent un certain nombre des textes qui donnent au ministère public le droit d'agir en matière civile. Cependant ils ne les visent pas tous. Mais l'article 122 se termine par cette mention : « et généralement dans tous les cas où le ministère public agit dans l'intérêt de la loi et pour assurer son exécution ». Cette formule est assez large pour y comprendre tous les cas omis, même ceux qui n'ont pas été spécifiés par un texte précis et qui rentrent seulement dans la disposition générale de l'article 46, 2° alinéa, de la loi du 20 avril 1810.

V. — Cependant, si large que soit ce texte, il y a des cas auxquels il ne paraît point s'étendre et qu'il était du reste fort juste d'en excepter. Ces cas, ce sont ceux où le ministère public agit comme représentant d'une tierce personne, ceux où nous avons déjà vu qu'il n'était point maître de son action (ci-dessus, p. 15) et que les actes adressés d'ordinaire aux parties elles-mêmes ne devaient point lui être signifiés (ci-dessus, p. 67). Ces cas, ce sont notamment ceux où il représente le domaine, les fabriques d'églises, les proviseurs de lycées, les personnes intéressées à rétablir la preuve d'un mariage dans les circonstances prévues par l'article 200 du Code Napoléon. Nous en exceptons les demandes en annulation pour excès de pouvoir, où le ministère public, il est vrai, n'est pas maître de son action (ci-dessus,

p. 17), mais qui sont régies par des règles toutes spéciales (voy. ci-dessus, p. 44).

Dans ces diverses hypothèses, nous l'avons déjà dit, le ministère public n'est pas la véritable partie en cause. Les priviléges que lui confère le décret de 1811 ne doivent donc plus être appliqués. A cette considération de logique et d'équité s'ajoute un argument de texte, car le ministère public agit alors, non pas précisément « dans l'intérêt de la loi », comme le suppose l'article 122, mais dans l'intérêt des tierces personnes qu'il représente, ce qui n'est pas tout à fait la même chose, si recommandables et si dignes de faveur que puissent être ces personnes. On rentre alors dans le droit commun. Les actes sont écrits sur papier timbré, comme d'ordinaire, et les droits fiscaux qui les frappent acquittés au moment même de leur enregistrement. Enfin, l'administration de l'enregistrement n'est plus obligée de faire l'avance des frais : c'est aux parties à y pourvoir, aux parties, c'est-à-dire au domaine, aux fabriques d'églises, aux lycées, aux tiers intéressés qui invoquent le bénéfice de l'article 200 Code Napoléon. Et, surtout dans ce dernier cas, on voit tout de suite les abus auxquels pourrait donner lieu, dans la pratique, une décision différente. — Un avis du Conseil d'État du 5 nivôse an XII et une instruction de la Régie de l'enregistrement du 9 pluviôse an XII ont consacré ce principe en ce qui concerne les poursuites que le ministère public pouvait être chargé d'intenter pour revendiquer les rentes et domaines nationaux usurpés, que la loi du 4 ventôse an IX attribuait aux hospices.

VI. — Quoique le procureur impérial remplisse les fonctions de l'avoué, il est bien évident qu'il ne peut pas réclamer les honoraires qui seraient dus à celui-ci pour chacun des actes accomplis. Par conséquent, dans les cas dont nous venons de parler en dernier lieu, les parties représentées par le ministère public et qui doivent avancer tous les frais de procédure d'après les tarifs ordinaires, ne sont pas obligées de faire cette avance en ce qui concerne les honoraires alloués aux avoués, à moins toutefois qu'un avoué n'ait été constitué, comme cela peut avoir lieu. D'un autre côté, si l'adversaire du ministère public succombe et se trouve ainsi condamné à tous les dépens du procès, il ne sera pas tenu de payer les honoraires d'avoués fixés par les tarifs, de telle sorte qu'il bénéficiera indirectement dans ce cas de la dispense de constitution d'avoué accordée au ministère public.

§ II. — Des actes frustratoires.

L'avoué chargé d'un procès recevant un honoraire particulier pour chacun des actes de l'instance, le législateur a dû craindre qu'il ne multipliât inutilement ces actes dans le seul but d'augmenter en même temps le nombre des honoraires à percevoir. Le Code de Procédure et le tarif des frais contiennent donc plusieurs dispositions limitant les actes qu'il sera permis de passer en taxe dans des circonstances déterminées (voy. art. 65, 81, 82, 102,

103, 105, 152, 338, 462, 463, 465, 1031 Pr. civ.;
— art. 67 *in fine ;* 68; 70, § 2; 75, § 24, Tarif civil
du 16 février 1807, etc.). Lorsque c'est le procureur
impérial qui remplit les fonctions d'avoué, le motif des
préoccupations du législateur n'existe plus, car ne recevant aucun honoraire, l'officier du parquet n'a pas
d'intérêt à faire naître des frais frustratoires qui ne lui
profiteraient en rien.

Doit-on en conclure que ces restrictions n'ont plus
alors de raison d'être, qu'il faut par conséquent les écarter, que si le procureur impérial multiplie les actes de la
procédure au delà des limites réglementaires, il sera
présumé ne l'avoir fait que pour obéir aux exigences légi-
times de la cause, et que ces actes devront être admis
en taxe, à moins que leur caractère frustratoire ne soit
établi? Cette conséquence, tirée des motifs de la loi, serait
contraire à son texte qui ne fait pas de distinction et que
nous devons respecter.

Il ne faut pas oublier, en effet, que si les actes dont
nous parlons ne donnent pas ouverture aux honoraires
habituels de l'avoué, ils occasionnent souvent des frais
d'huissier pour leur signification, et lors même qu'ils
sont enregistrés en débet et visés pour timbre, la perception des droits fiscaux, simplement différée jusqu'à
l'issue du procès, devient alors exigible lorsqu'elle doit
être poursuivie contre des particuliers. Il y a donc toujours grand intérêt à éviter la multiplication de ces actes.
S'il ne paraît pas bien vraisemblable que le procureur
impérial se prête à cette multiplication dans le seul but

d'être agréable à des officiers ministériels qu'il affection-
nerait, peut-être est-il moins chimérique de redouter les
ardeurs irréfléchies de fonctionnaires désireux de montrer leur activité et leur zèle par la promptitude et le
nombre des actes qu'ils accomplissent. On peut même
craindre simplement le luxe de précautions auquel un
homme se laisse si facilement entraîner lorsqu'il représente
des intérêts étrangers, surtout des intérêts publics, dont
la défaite imméritée lui serait sévèrement reprochée,
tandis que les frais de la défense ne s'examinent pas toujours, comme le ferait un particulier, au point de vue de
l'importance matérielle du litige.

Les actes dressés par le procureur impérial ne doivent
donc jouir à cet égard d'aucun privilége, et ils pourraient être rejetés de la taxe, comme le seraient ceux
d'une procédure ordinaire. Il n'est même pas nécessaire
pour cela qu'ils se trouvent dans un des cas expressément
prévus par le législateur et au delà des limites qu'il y a
déterminées, il suffit que leur caractère frustratoire, c'est-
à-dire leur inutilité, soit bien établie, car la disposition
de l'article 1031 Procédure civile est conçue en termes
très-généraux dont le sens ne peut pas être restreint
aux hypothèses particulières déjà régies par d'autres
articles.

En conséquence, si l'action du ministère public a
triomphé, bien que son adversaire soit condamné, il ne
sera pas obligé de subir les frais relatifs à ces actes inutiles. Si au contraire le ministère public a eu le dessous,
tous les frais faits à sa requête restant à la charge de

l'État, l'examen de leur utilité ne peut plus être qu'une question de discipline intérieure. On ne peut appliquer ici la disposition de l'article 1031 Procédure civile mettant les frais des actes frustratoires à la charge des officiers ministériels qui les ont faits, et cela pour deux raisons. La première, c'est que le procureur impérial, bien que remplissant momentanément les fonctions d'avoué, ne devient point pour cela un officier ministériel soumis à la discipline ordinaire, et que d'ailleurs, il ne tire aucun profit personnel des procédures inutiles qu'il a pu ordonner ou laisser faire. La seconde, c'est qu'à côté de son rôle d'avoué, il a son rôle de partie (sauf les cas exceptionnels où il exerce l'action au nom de certains tiers), et que si la loi détermine les actes qui entreront en taxe, elle n'empêche pas chaque plaideur d'en faire signifier d'autres qui lui sembleraient utiles au succès de sa cause, en se résignant à en supporter les frais de toute façon, lors même que son adversaire succomberait et serait par conséquent condamné aux dépens.

L'article 104 Procédure civile se rattache aux frais frustratoires en ce sens qu'il a pour but de les empêcher. Cet article oblige les avoués à déclarer au bas des originaux et des copies de toutes leurs requêtes et écritures le nombre des rôles qu'elles comprennent. Faut-il l'appliquer au procureur impérial qui rédige les actes de la procédure au lieu et place d'un avoué? Je ne le crois pas.

L'origine et le motif de cet article 104 sont bien connus. Lorsqu'un plaideur gagnait son procès et obtenait par suite contre son adversaire la condammation aux dépens, son avoué, ou plutôt son procureur (car ceci se passait dans l'ancien droit), qui n'avait plus un client à ménager, intercalait souvent après coup dans les pièces des rôles de contrebande qui n'y figuraient pas lors de la signification, et qui voyageaient de dossier en dossier, au plus grand profit du procureur. C'est pour empêcher ce moyen trop ingénieux de multiplier ses honoraires sans mécontenter ses clients que le législateur a pris la précaution indiquée dans l'article 104.

Or, ce motif ne s'applique point au procureur impérial, qui n'a aucun intérêt personnel à exagérer le nombre des rôles, puisque ces rôles ne lui rapportent rien. Et d'ailleurs, s'il y avait exagération dans le nombre des rôles, la disposition de l'article 1031, dont nous venons de parler, permettrait toujours au juge taxateur d'en écarter une partie. Il semble donc que l'absence de la mention exigée par l'article 104 ne doit pas être un motif suffisant pour rejeter une pièce de la taxe, bien que cet article n'ait fait aucune exception, sans doute parce qu'il ne songeait point aux cas assez rares où le ministère public pouvait devenir partie principale, et aussi parce que les articles précédents (notamment les articles 61 et 75) n'avaient pas éveillé l'attention en mentionnant la dispense de constitution d'avoué universellement accordée au ministère public par la pratique postérieure. On ne s'imaginait donc point, en écrivant l'article 104, que les actes dont on parlait pussent être rédigés par d'autres personnes que par des avoués.

S'il fallait absolument confirmer par un argument de texte ces arguments de raison qui paraissent si naturels, ne serait-il pas permis de remarquer que l'article 104 impose une certaine obligation aux avoués, mais aux avoués seulement, et que si le procureur impérial tient ici la place d'un avoué, il ne devient pas avoué pour cela, comme nous avons déjà eu l'occasion de le dire tout à l'heure? Le procureur impérial n'est pas soumis à la discipline des officiers ministériels qu'il supplée accidentellement, et la prescription de l'article 104, par son origine comme par sa nature, paraît bien avoir le caractère d'une règle disciplinaire. Mais, quoiqu'il ne semble pas rigoureusement tenu de l'observer, le ministère public fera bien de se soumettre à une mesure d'ordre qui n'a d'inconvénient pour personne et qui peut toujours présenter quelque avantage.

§ III. — Des moyens de défense et des exceptions.

Nous avons examiné les actes de la procédure au point de vue de leurs formes; il faut maintenant les considérer en eux-mêmes et relativement à leurs qualités intrinsèques.

I. — Le ministère public peut opposer tous les moyens de défense, et toutes les exceptions comme les invoquerait une partie ordinaire; mais il doit le faire de la même manière, dans les mêmes délais, aux mêmes époques de la procédure et dans le même ordre; les déchéances qui atteindraient un particulier l'atteignent également et les nullités se couvrent, pour ou contre lui, d'après les règles générales. Son adversaire peut également recourir aux exceptions et moyens de défense ordinaires.

La plupart des exceptions énumérées dans le titre IX du Code de procédure civile ne présentent rien de bien particulier en elles-mêmes, lorsqu'elles figurent dans une instance où le ministère public est partie principale. On peut remarquer cependant que plusieurs de ces excep·tions ne se présenteront que très-rarement dans ce genre de procès. Ainsi, la caution à fournir par les étrangers demandeurs ne peut trouver place que dans des hypo-thèses toutes particulières, par exemple celle où le pro-cureur impérial contredirait, en vertu de l'article 116 du Code Napoléon, à l'enquête provoquée par un étranger pour faire constater l'absence de son parent français.

II. — L'exception d'incompétence pourra être soule-vée, soit par le ministère public, soit par son adversaire (art. 168 à 172 Pr. civ.). Lorsque c'est ce dernier qui la propose et la fait admettre, ce triomphe préliminaire, dont le caractère est exclusivement provisoire, et qui d'ordinaire ne préjuge rien sur le fond, possède ici une importance beaucoup plus grande, et peut même deve-nir assez souvent définitif. Voici pourquoi. En faisant tomber la compétence du tribunal où il était traduit, l'adversaire du ministère public a fait tomber du même coup la compétence du procureur impérial qui intentait les poursuites. Sans doute l'action n'a point péri pour cela, car il résulte implicitement du jugement sur la com-pétence que c'est quelque autre procureur impérial qui a qualité pour l'exercer. Mais si le droit d'agir existe encore, il a du moins changé de résidence, tandis que dans un procès engagé entre deux particuliers, il appartiendrait toujours à la même personne. Or, chacun a sa propre manière de voir; il peut donc très-bien arriver qu'un autre officier du ministère public ne partage point les convictions de celui qui avait pris l'initiave et ne croit point devoir renouveler l'attaque irrégulièrement intentée une première fois par son collègue, de telle sorte que l'individu poursuivi se trouvera définitivement libéré du procès.

III. — L'exception de litispendance et de connexité (art. 171 Pr. civ.) pourra être invoquée par une personne recherchée à l'occasion des mêmes faits devant plusieurs tribunaux distincts, et conséquemment par des procureurs impériaux différents. Cette dernière circonstance n'empêche pas qu'il n'y ait en réalité qu'un seul procès et qu'une seule partie en cause, car c'est au corps du ministère public qu'appartient l'action, et les officiers du parquet n'agissent qu'en son nom et comme ses représentants. Cette situation est tout à fait analogue à celle d'un homme ayant plusieurs mandataires qui poursuivraient chacun le même débiteur devant des tribunaux distincts.

IV. — Quant au défaut de conciliation, il ne pourra jamais être opposé, puisque la tentative de conciliation, comme nous l'avons vu plus haut (p. 51), n'est pas nécessaire.

V. — Le titre XXI du Code de procédure civile (art. 378

à 396) donne à chaque partie le droit de récuser ceux
des juges qui, par suite de certains liens de parenté ou
d'autres circonstances déterminées par l'article 378, se
trouvent suspects de partialité. En outre, le titre XX
(art. 368 à 377) permet de demander le renvoi à
un autre tribunal lorsque l'une des parties compte
parmi les juges du tribunal saisi un certain nombre de
parents jusqu'au degré de cousin germain, ou lorsqu'elle
y siége elle-même et y possède un parent, s'il s'agit
d'un tribunal, deux s'il s'agit d'une Cour.

Il est clair que le ministère public peut invoquer les
dispositions de ces deux titres contre certains juges ou
contre le tribunal lui-même, si l'on se trouve dans un
des cas prévus. Mais son adversaire pourrait-il également
récuser un juge en se fondant sur la parenté de ce juge
avec le procureur impérial, ou sur l'existence entre ces
deux personnes d'un des rapports prévus par l'article 378? Pourrait-il invoquer la parenté de deux juges
avec ce même procureur impérial pour demander le
renvoi de la cause à un autre tribunal?

Si la récusation était fondée sur des faits qui concer-
nent seulement la partie récusante et le juge récusé,
elle devrait certainement être admise, car le rôle du procureur impérial dans le procès n'a ici aucune influence.
C'est ce qui arrivera, par exemple, « si le juge, sa
femme, leurs ascendants et descendants ou leurs alliés
dans la même ligne, ont un différend sur pareille question que celle dont il s'agit... » (art. 378-3°), ou s'il y a,
soit procès civil, soit inimitié capitale entre les mêmes

personnes et la partie récusante (art. 378-6° et 9°), ou encore si le juge a donné conseil, plaidé ou écrit sur le différend (art. 378-8°), etc.

Mais lorsque la récusation a pour motif que le juge est parent ou allié du procureur impérial (art. 378-1°), qu'il est son commensal (art. 378-7°), qu'il a bu ou mangé avec lui depuis le commencement du procès (art. 378-8° *in fine*), etc., alors la récusation doit être rejetée, car elle serait tout à fait contraire à l'esprit de la loi.

En effet, quand le ministère public est partie principale, le législateur fait en quelque sorte abstraction de la personnalité privée du procureur impérial pour ne considérer que sa personnalité publique, sa qualité de membre et de représentant du ministère public. C'est pour cette raison que l'article 381 Proc. civ. ne permet point de le récuser (voy. plus haut, p. 49), ainsi que cela se pratique lorsqu'il est partie jointe. Or, les causes de récusation indiquées par l'article 378 ont un caractère purement privé; les circonstances que prévoit cet article pourraient être rattachées à l'individualité personnelle du procureur impérial, laquelle ne figure pas au procès, mais elles resteraient toujours étrangères à sa fonction publique qui est seule en cause.

L'article 381, et surtout le principe d'où il découle, fournissent donc à l'appui de cette thèse un argument considérable.

Quant aux textes, il est vrai qu'aucun d'eux ne prévoit expressément le cas actuel; mais l'article 379 Pro-

cédure civile contient une décision qui se prête à l'analogie la plus frappante. Cet article déclare, en effet, que
la récusation pour cause de parenté ne doit point avoir
lieu lorsque la partie parente d'un juge n'agit au procès
qu'en qualité de tuteur ou curateur, d'administrateur
d'un établissement, société, direction ou union, pourvu
toutefois qu'elle n'ait point d'intérêt distinct ou personnel dans la cause. Sans doute, le ministère public n'est
point compris dans cette énumération, mais les mots
qui la terminent montrent avec évidence qu'elle a voulu
embrasser tous les cas où le plaideur parent du juge n'a-
vait pas d'intérêt personnel dans la cause et n'y figurait
qu'à titre de mandataire ou de représentant d'un tiers.
Or, telle est bien la situation du procureur impérial; il
est personnellement désintéressé dans les poursuites qu'il
exerce; il ne prend place dans l'instance qu'en sa qualité de membre du ministère public à qui appartient
l'action, et qui ne la possède lui-même que par délégation de la société.

Le caractère de cette situation est encore plus évident
lorsque le ministère public agit comme représentant de
certains tiers, le domaine, les proviseurs de lycées, les
intéressés de l'article 200 Code Napoléon, etc.

La récusation d'un juge ne pourra donc être faite par
l'adversaire du ministère public que dans le plus petit
nombre des cas prévus par l'article 378 Procédure civile. Quant au renvoi à un autre tribunal, comme ce
renvoi ne pourrait être fondé que sur la parenté ou l'al-
liance d'un certain nombre des membres de ce tribunal

avec le procureur impérial, dont la personne privée
n'est pas en cause, il ne devra jamais être prononcé.

§ IV. — Des moyens d'instruction.

La circonstance que le ministère public est partie au
procès n'empêche pas que ce procès ne doive être instruit
d'après les règles ordinaires, relativement à la nature
propre du litige.

I. — Par conséquent, s'il s'agit d'une affaire présentant
le caractère des matières sommaires, elle sera instruite
conformément aux prescriptions du titre XXIV du Code
de Procédure civile (art. 404 à 413); leur application ne
présentera du reste ici rien de particulier.

II. — Si au contraire le tribunal croit que la cause
n'est pas susceptible d'être jugée sur plaidoirie ou délibéré, d'après les règles générales, il pourra ordonner,
conformément à l'article 95 Proc. civ., qu'elle sera instruite par écrit pour en être fait rapport par un juge.
Le jugement d'avant faire droit qui prend cette mesure
n'étant pas interlocutoire, mais simplement préparatoire
(voy. art. 452 Pr. civ.), le ministère public, comme l'autre
partie, sera obligé de le subir dans tous les cas, lors même
que la nature ou l'importance du procès rend l'appel recevable; ce jugement ne pourra être attaqué qu'après et
en même temps que le jugement définitif (voy. art. 451
Pr. civ.).

L'instruction se fait dans ce cas d'après les règles établies par les articles 96 et suivants du Code de Procédure

civile. Nous avons déjà dit que tous les délais des significations et productions, ainsi que les déchéances qui
peuvent résulter de l'inobservation de ces délais (v. art. 98
à 101 Pr. civ.), étaient applicables au ministère public
comme à une partie ordinaire (ci-dessus, p. 80), et que
les limites fixées par la loi, au nombre ou à l'étendue des
actes (voy. art. 103, 105) devaient également lui être im-
posées (ci-dessus, p. 75). Nous savons aussi que ces
actes sont rédigés par un des membres du parquet ou par
le procureur impérial lui-même (ci-dessus, p. 68), et
nous avons reconnu que la mention du nombre des rôles,
exigée par l'article 104 au bas de chacun de ces actes,
n'était pas rigoureusement obligatoire pour lui (ci-dessus,
p. 78).

D'après les articles 106 et 189 Pr. civ. combinés, la
communication des pièces produites par chaque partie se
fait de deux manières, soit au greffe, sans les déplacer,
soit en les remettant à l'avoué de la partie adverse. Lorsque c'est le premier mode qui doit être employé, le procureur impérial ou son substitut se transportera au
greffe, comme le ferait un avoué, pour prendre connaissance des pièces sous les yeux du greffier qui en est responsable : il ne peut contraindre celui-ci à les lui apporter à son parquet, ou à les laisser transférer. Au contraire,
lorsque la communication se fait d'après le second mode,
le procureur impérial emporte les pièces où bon lui
semble; mais il est tenu, comme un avoué, de donner
au greffier un récépissé qui décharge celui-ci de sa
responsabilité et la transmet au procureur impérial

(voy. art. 106 Pr. civ.). Du reste, le juge rapporteur lui-même ne reçoit les pièces qu'en constatant cette réception par une signature apposée sur un registre spécial (voy. art. 108 et 109 Pr. civ.) et en se chargeant de leur responsabilité.

II *bis*. — Si l'avoué, après avoir pris connaissance des pièces, ne les rétablit pas dans les vingt-quatre heures de sa propre production (voy. art. 97 Pr. civ.), il sera condamné tout de suite, sans appel, sur le certificat du greffier, à dix francs au moins de dommages-intérêts par jour de retard. S'il ne les remettait pas dans les huit jours de la signification de ce jugement, il pourrait être condamné de nouveau, par corps et toujours sans appel, à tels dommages-intérêts que le tribunal trouverait bon, et, en outre, interdit pendant le temps qu'il estimerait convenable (voy. art. 106 Pr. civ.).

Ces dispositions peuvent-elles être appliquées au procureur impérial pour le cas où il négligerait de restituer les pièces dans les délais voulus? Je ne le crois pas. Les termes de l'article 106 et la procédure sommaire qu'il organise ne peuvent se concilier qu'avec le pouvoir disciplinaire confié au tribunal sur les officiers ministériels qui exercent auprès de lui. Quant au procureur impérial, il n'est pas justiciable du tribunal. Il est bien vrai qu'il défend en ce moment même une cause devant lui, qu'il joue le rôle d'une partie qui peut perdre son procès comme toutes les parties. Mais ce rôle il ne le joue qu'à titre d'officier du parquet, de fonctionnaire public, tandis que la condamnation qu'il s'agirait de prononcer en vertu de l'article 106 l'atteindrait personnellement, à raison de l'exercice de ses fonctions sur lesquelles le tribunal ne peut jamais entreprendre et ne possède dans aucun cas le droit de censure.

Est-ce à dire qu'il faille supprimer la responsabilité du procureur impérial, et laisser ainsi son adversaire sans autre garantie qu'une réclamation à un supérieur peut-être complice de la négligence ou de la fraude? Non, assurément; une répression disciplinaire, même immédiate, serait insuffisante et incomplète. Mais il s'agit seulement de savoir suivant quelles formes cette responsabilité légale, qui est incontestable, pourra être invoquée.

Le juge rapporteur, lui aussi, est responsable des pièces qu'il reçoit (voy. art. 109 et 114). Mais si l'on est dans la nécessité d'invoquer contre lui cette responsabilité, on le prendra à partie devant la Cour impériale (voy. art. 509 Pr. civ.). C'est aussi par voie de prise à partie qu'il faudra procéder contre le procureur impérial; une jurisprudence constante, appuyée notamment sur les articles 483 et 486 du Code d'instruction criminelle, et fondée sur ce motif rationnel que le ministère public fait partie intégrante des tribunaux, assimile sous ce rapport les membres du parquet aux juges qui sont seuls compris dans le texte des articles 505 et suiv. Pr. civ. Lors même qu'on voudrait rejeter cette assimilation, il faudrait dire qu'on doit intenter au procureur impérial une action ordinaire en dommages–intérêts fondée sur l'article 1382 Code Napoléon. La plupart des auteurs : Pigeau (t. I, p. 265), Carré et Chauveau (*Lois de la procédure civile,* n° 483), Bioche (*Dictionnaire de procédure civile*, v° Instruction par écrit, n° 56), Thomines-Desmazures (*Commentaires sur le Code de procédure civile*, t. I, p. 225), Dalloz (*Répert. alphab.*, v° Instruction par écrit, n° 123), décident même qu'on doit procéder ainsi contre le juge rapporteur, lorsqu'il n'y a point de sa part intention déloyale, et que c'est seulement lorsqu'on lui reproche un dol, une fraude ou une concussion (art. 505-1° Pr. civ.), qu'on doit le prendre à partie. Ceux qui acceptent cette distinction, dont la base ne paraît pas bien solide, l'étendraient naturellement aux membres du ministère public.

Mais ici se présenterait une nouvelle difficulté, c'est que les officiers du parquet sont des agents du pouvoir exécutif, qu'ils doivent bénéficier à ce titre de la disposition de l'article 75 de la Constitution du 22 frimaire an VIII, et, par conséquent, qu'on ne pourrait les poursuivre qu'après une autorisation préalable du Conseil d'État. Cette autorisation préalable était exigée autrefois par la Cour de cassation; mais elle modifia sa jurisprudence après la promulgation du Code d'instruction criminelle, dont les articles 483 et 486 supposent des poursuites contre des officiers du ministère public, sans indiquer qu'ils dussent être traités autrement que les juges. Il faut remarquer en effet que la prise à partie doit d'abord être admise par une des chambres de la Cour impériale avant d'être jugée par une autre (voy. art. 510 et 515 Pr. civ.), ce qui, à part le rang supérieur de la juridiction saisie, constitue une garantie analogue à l'autorisation préalable de l'article 75 de la Constitution de l'an VIII, de telle sorte que celle-ci ferait double emploi avec la première. Mais si l'on écartait dans certains cas la prise à partie pour la remplacer par l'action ordinaire en dommages-intérêts, portée *de plano* devant un tribunal de première instance, la disposition de l'article 75 reprendrait son intérêt, et, du même coup, elle recouvrerait l'empire qu'on lui accordait autrefois, de telle sorte que l'adversaire du ministère public se trouverait en réalité dans une position beaucoup moins bonne, les autorisations de poursuivre n'étant jamais accordées par le Conseil d'État qu'avec la plus sévère parcimonie. Il vaut donc mieux s'en tenir toujours à la prise à partie.

On nous dira peut-être qu'en tout ceci nous oublions le principe précédemment posé, que le ministère public, partie contendante, doit être traité comme une partie privée. Ce reproche ne serait pourtant pas fondé, au moins sur la question actuelle. Si nous avons dévié de notre principe, c'était en permettant au procureur impérial de ne pas constituer d'avoué. Cette exception, nous l'avons indiquée sans détour ni déguisement, et nous avons taché de la justifier dans les limites où elle peut et doit l'être ; mais une fois acceptée, nous sommes bien forcé de subir ses conséquences inévitables ; en permettant au procureur impérial de remplir un instant les fonctions d'avoué, nous ne pouvons pas faire qu'il devienne réellement avoué et qu'il soit soumis à la même discipline. Celui en faveur de qui nous admettons ici une exception, ce n'est donc pas le ministère public partie

principale, c'est le procureur impérial accidentellement
avoué.

II *ter*. — Après les diverses communications de pièces
qui, dans l'instruction écrite, remplacent les plaidoiries,
le dossier est remis par le greffier au juge rapporteur
(voy. art. 109 Pr. civ.), qui fait son rapport à l'audience
(voy. art. 111 Pr. civ.). Cet article 111 continue en ces
termes : « Les défenseurs n'auront sous aucun prétexte la
parole après le rapport; ils pourront seulement remettre
sur-le-champ au président de simples notes énonciatives
des faits sur lesquels ils prétendraient que le rapport a
été incomplet ou inexact. » Cet article pourra-t-il être
opposé au ministère public, comme il le serait certainement à son adversaire si celui-ci demandait la parole
après le rapport? L'affirmative ne paraît point douteuse
en présence des principes établis au début de ce chapitre,
car il est clair que le privilége de répondre au rapport
détruirait, au profit du procureur impérial, l'égalité dont
la justice exige le maintien entre les deux plaideurs.
Mais les difficultés naissent des dispositions de l'article 112.

Cet article, placé immédiatement après celui que nous
venons de citer, déclare en effet que « si la cause est
susceptible de communication, le procureur du roi sera
entendu en ses conclusions à l'audience ». Or, il suffit
de songer à la nature des litiges où le ministère public
peut être partie principale, pour reconnaître qu'ils ren-
treront tous dans l'une ou l'autre des sept séries de causes
communicables indiquées par l'article 83 Pr. civ. D'ail-

leurs, lors même qu'il s'en trouverait quelques-uns en dehors de ce cadre si large, la disposition finale de l'article 83 Pr. civ., qui autorise le procureur impérial à réclamer la communication de toutes les causes quand bon lui semble, et le tribunal à l'ordonner d'office, cette disposition ne fournirait-elle point le moyen de rendre communicables, quand on le voudrait, les causes qui par hasard ne le seraient point déjà de leur nature? Il en résulterait donc que le procureur impérial aurait toujours le droit de prendre la parole après le rapport.

L'étendue même des conséquences qu'on peut tirer ici de l'article 112 doivent nous engager à l'écarter du débat, et l'examen des motifs sur lesquels il est fondé montre que cette élimination est parfaitement justifiée. Le seul but de cet article, c'était de permettre l'accomplissement d'une formalité indispensable dans certains cas pour la validité du jugement : il fallait que le procureur impérial fût mis à même de prendre connaissance de la cause et de donner son avis. Mais lorsqu'il est lui-même partie, il connaît la cause, et d'ailleurs il a déjà reçu communication de toutes les pièces; il a également donné son avis, puisqu'il a fait signifier des conclusions motivées contenant les moyens propres à soutenir sa manière de voir (v. art. 96 et 97 Pr. civ.). Que pourrait-il faire de plus? Si le rapport contient des inexactitudes ou des lacunes, pourquoi lui permettrait-on d'y remédier par d'autres moyens que ceux qui ont paru suffisants pour son adversaire? Ces motifs de l'article 112 ne s'appliquent donc point à notre hypothèse, et il est clair que cet article a été rédigé exclusivement en vue d'une hypothèse toute différente.

Quant à l'intérêt des personnes en faveur desquelles le législateur a déclaré la cause communicable, de deux choses l'une : Ou le ministère public figure au procès pour les défendre, et alors il a déjà fait valoir dans l'instruction écrite toutes les raisons qu'il lui semblait convenable d'invoquer à l'appui de leurs prétentions. Ou le ministère public était leur adversaire, et, dans ce cas, le véritable danger, ce n'est pas que le procureur impérial n'ait pas le droit de les défendre après le rapport du juge, c'est qu'il n'ait le désir de le faire ni après ni avant. N'équivoquons point. Si le ministère public prend la parole, il parlera comme il a écrit, c'est-à-dire que selon toute vraisemblance, il attaquera ceux dont on invoque maintenant les intérêts. Peut-être pourrait-on dire que si le procès se présente dans ces conditions, les personnes que la loi a voulu protéger se trouvent dépouillées de la garantie qu'elle leur assurait. Cette opinion n'a pas été admise (arrêts de la Cour de cassation, chambre des requêtes, du 21 frimaire an X et du 8 novembre 1843, affaire Commune de Thous et Commune de la Bastide, Dalloz, *Répert. alphab.*, vº Ministère public, nᵒˢ 133 et 134), parce que le ministère public, tout en posant des conclusions, jouit d'une entière indépendance pour indiquer lui-même au tribunal les motifs qui, de son propre avis, devraient les faire rejeter. Mais s'il n'a pas cru, d'après les circonstances de la cause, qu'il y eût lieu d'user de cette indépendance pendant l'instruction écrite, il

n'est pas probable qu'il le fasse davantage dans une
·plaidoirie, et l'on retournerait ainsi contre les parties une
disposition introduite exclusivement en leur faveur. D'ailleurs, si la conviction du procureur impérial s'était modifiée à la suite du rapport, la remise d'une simple note
n'aurait-elle point, dans ce cas surtout, une autorité
aussi grande que sa parole?

Enfin, il est vrai qu'en général les conclusions du ministère public doivent être orales pour satisfaire au vœu
de la loi et rendre valables les procédures dans lesquelles
elles étaient nécessaires. Il ne suffirait pas que le procureur impérial les déposât par écrit sur le bureau du tribunal. La jurisprudence et la doctrine sont d'accord sur
ce point (voy. Dalloz, *Répert. alphab.*, v° Ministère public, n° 102, et notamment un arrêt de cassation du
27 mars 1822, affaire Gravier *contre* Regis, Dalloz,
ibid., v° Instruction par écrit, n° 118, rendu précisément dans notre hypothèse). Mais cette décision est tout
simplement une conséquence du principe de la publicité
des audiences posé par l'article 14 de la loi des 16-
24 août 1790. Nous voyons, en effet, qu'en matière
criminelle, où ce principe n'a pas été appliqué à l'instruction qui se fait encore aujourd'hui d'une manière
secrète, le ministère public donne ses conclusions par
écrit devant les chambres d'instruction et n'est pas
obligé de les développer oralement (voy. art. 224 Inst.
crim., Dalloz, *Rép. alphab.*, v° Instruction criminelle,
n° 800, et les nombreuses autorités qu'il cite). Or, dans
l'instruction écrite en matière civile, le législateur fait

également exception à ce principe de la publicité des
audiences, puisqu'il remplace les plaidoiries orales par
des significations d'écritures. Qu'il n'étende pas cette
exception jusqu'au procureur impérial lorsque celui-ci
n'est que partie jointe, cela se conçoit, car il faut alors,
en quelque sorte, un rapport impartial comme le juge
rapporteur lui-même, et l'article 111 avait décidé, contrairement aux dispositions de l'ordonnance de 1667,
que ce dernier parlerait en audience publique.. Il était
d'ailleurs inutile d'imposer au procureur impérial la
charge d'écrire ses conclusions, et c'était risquer de les
rendre illusoires par la brièveté qu'il n'aurait pas manqué d'y mettre. Mais lorsque le ministère public est
partie principale en même temps que partie jointe, on
ne peut nier que son impartialité ne soit au moins fort
compromise, ce qui retire beaucoup de son importance
ordinaire à ce dernier rôle. D'un autre côté, le principe
de la publicité des audiences perd son autorité dans un
mode de procédure qui en est précisément la négation,
de sorte qu'il ne paraît point nécessaire, pour la régularité
de la procédure, d'autoriser le procureur impérial à
répéter à l'audience ce qu'il a déjà écrit dans les significations.

On voit que lorsque le procureur impérial doit donner
ses conclusions, nous les plaçons sans hésiter après le
rapport du juge rapporteur, quoique la loi ne se soit pas
formellement exprimée sur ce point. Mais l'ordre même
des articles fait déjà présumer à lui seul celui que le
législateur a voulu mettre entre les formalités qu'exige

chacun d'eux. D'ailleurs, le décret du 30 mars 1808, rendu à la suite du Code de procédure pour régler sa mise en œuvre au point de vue de la discipline intérieure des tribunaux, fait bien voir qu'on l'entendait ainsi.

En effet, l'article 86 de ce décret suppose que le procureur impérial reçoit communication des pièces après le rapporteur, soit de ses mains, soit par l'intermédiaire du greffe. N'est-ce pas indiquer qu'il doit seulement parler après lui? L'article 85 recommande au juge rapporteur de « veiller à ce que les communications au ministère public soient faites assez à temps *pour que le* JUGE-MENT *ne soit pas retardé.* » On ne dit pas *pour que le* RAPPORT *ne soit pas retardé*, et c'est évidemment ainsi qu'il aurait fallu s'exprimer si les conclusions du procureur impérial devaient précéder ce rapport. Enfin, l'article 87 déclare qu'après les conclusions du ministère public, les parties ne peuvent plus obtenir la parole, mais seulement remettre de simples notes, « comme il est dit à l'article 111 du Code de procédure. » L'auteur de cet article croyait donc bien se trouver là dans le cas prévu par l'article 111, c'est-à-dire après le rapport du juge rapporteur, et pour cela il faut que ce rapport ait eu lieu avant les conclusions du ministère public. L'intention du législateur nous semble donc ressortir clairement de ces textes.

D'ailleurs, lors même qu'on prétendrait que les conclusions du ministère public précèdent le rapport au lieu de le suivre, il n'en serait pas moins injuste de permettre au ministère public de prendre la parole à l'au-

dience tandis que cette faculté reste interdite à son adversaire. Et, d'un autre côté, il n'est pas possible de l'accorder à celui-ci, pour deux raisons. La première, c'est que l'instruction écrite ne comporte pas de plaidoiries orales, et que l'interdiction de l'article 111 a précisément pour but d'éviter qu'on ne les fasse, comme d'ordinaire, sous prétexte de rectifications, ainsi que l'a très-bien montré Boitard (*Leçons de procédure civile*, t. I, n° 236). La seconde, c'est que, dans tous les cas, l'article 87 du décret du 30 mars 1808 interdit formellement la parole aux défenseurs des parties après les conclusions du ministère public, et que lors même qu'il se serait trompé en croyant appliquer simplement la disposition de l'article 111 Proc. civ., il n'en serait pas moins obligatoire pour cela, par sa force propre, suivant la doctrine généralement acceptée qui donne l'autorité de la loi aux décrets du premier empire (voyez tome Ier, p. 7).

III. — Entre la procédure des matières sommaires et la procédure par écrit se trouve la procédure ordinaire, la procédure normale, celle à laquelle les deux autres font exception. Elle s'appliquera aux actions du ministère public dans les mêmes circonstances qu'aux procès exclusivement engagés entre particuliers, et il sera même fort rare que ces actions ne soient pas de nature à être instruites d'après les règles de cette procédure générale.

Mais il ne faut pas perdre de vue que, même dans ce cas, le tribunal pourra ordonner, après les plaidoiries, que les pièces soient déposées sur le bureau pour en être délibéré au rapport d'un juge (voy. art. 93 et 94, Proc.

civ.), et il y aura lieu alors de rappeler ce que nous venons de dire à propos des articles 111 et 112 : Le procureur impérial, de même que l'avocat de son adversaire, ne pourra plus obtenir la parole après le rapport du juge désigné.

Il ne faut pas oublier non plus que l'instruction écrite peut être ordonnée non-seulement au début du procès, comme nous l'avons supposé tout à l'heure, mais à un moment quelconque de la procédure ordinaire, pendant ou même après les plaidoiries, si le tribunal ne les juge pas suffisantes pour s'éclairer. Et, dès lors, nous retombons dans le cas précédent.

IV. — Le Code de procédure civile examine, en particulier, certains moyens d'instruction spéciaux, qu'il considère surtout au point de vue de la procédure ordinaire, mais qui ne sont point pour cela exclus de deux autres modes de procédure, sauf à y subir peut-être quelques modifications (voyez, par exemple, les articles 407 et suiv. Pr. civ.).

V. — *Communication des pièces.* — Nous trouvons d'abord la communication des pièces entre les parties, placée par le Code de procédure parmi les exceptions (voy. art. 188 à 192 Pr. civ.), parce qu'elle entraîne certains délais qui suspendent pour quelque temps la procédure, mais qui est en même temps un moyen d'instruction. Cette communication aura lieu comme dans l'instruction écrite (art. 189 Pr. civ.), et les instances où le ministère public figure comme partie principale ne donnent lieu, sous ce rapport, à aucune remarque particulière (voy. ci-dessus, p. 87). La responsabilité de l'avoué auquel on confie les pièces communiquées est réglée par l'article 191 d'une manière analogue à celle que nous avons trouvée déjà tout à l'heure dans l'article 107, relativement à l'instruction écrite. Mais ici encore, lorsque c'est le ministère public qui reçoit la communication, les pièces sont remises au procureur impérial lui-même, puisqu'il n'a pas d'avoué et en remplit les fonctions. C'est donc lui qui sera responsable. Mais dans le cas de l'article 191, comme dans celui de l'article 107, on ne pourra invoquer cette responsabilité que par la voie de la prise à partie. Les règles exceptionnellement rigoureuses établies contre les avoués ne pourront s'appliquer au procureur impérial. Nous avons déjà indiqué plus haut (p. 88), sur l'article 107, les motifs de cette décision, et il nous suffit d'y renvoyer, car les deux situations sont identiques.

VI. — *Vérification des écritures.* — Parmi les pièces produites devant le tribunal, celles qui sont sous signature privée peuvent être déniées ou non reconnues par la partie à laquelle on les oppose, et, si la partie adverse veut les maintenir au procès, il y a lieu alors à vérification d'écritures. S'il s'agit d'une pièce produite par le ministère public et contestée par son adversaire, la vérification se fera d'après les règles ordinaires (voy. art. 193 à 213 Pr. civ.), sans présenter rien de particulier.

Mais le ministère public peut-il également être soumis à une vérification d'écritures pour les pièces produites par son adversaire, et qui ne lui sembleraient pas sin-

cères? Lorsque le ministère public représente certains
tiers, et surtout le domaine, on comprend très-bien que
de pareils écrits puissent être produits contre lui, car il
s'agit le plus souvent de questions pécuniaires où leur
existence est facile à comprendre. Mais, dans ces cas,
le procureur impérial ne tient en réalité que la place de
l'avoué; la véritable partie au procès, c'est le tiers qu'il
représente, domaine ou autre : c'est donc contre ce tiers
que sera dirigée la vérification d'écritures. L'avoué ne
remplit que des formalités accessoires (voy., par exemple,
art. 198 Pr. civ.), dont la charge pourra également
incomber au procureur impérial, mais voilà tout.

Au contraire, lorsque le ministère public est réellement partie au procès, la nature du litige ne paraît guère
admettre qu'on puisse souvent produire contre lui des
actes sous signatures privées de nature à combattre ses
conclusions.

Cependant cela n'est pas absolument impossible ni
même aussi rare qu'on le croirait au premier abord.
Supposons, par exemple, que le procureur impérial
attaque le mariage d'une personne en prétendant qu'elle
l'a contracté avant l'âge de la puberté légale. S'il n'y a
pas d'acte de naissance en règle qui établisse son âge
sans conteste, celle-ci pourra, dans le cas de l'article 46 C. Nap., invoquer des titres ou registres privés,
afin d'établir qu'elle avait bien, lors de la célébration de
son mariage, l'âge requis par la loi, et il est très-possible
que le procureur impérial croie devoir soutenir que ces
titres ou registres n'émanent pas des personnes aux-

quelles on les attribue : de là nécessité d'une vérification d'écritures. On peut aussi supposer qu'une personne dont le mariage est attaqué pour cause de bigamie, prétend prouver, en se plaçant dans le cas de l'article 46 Code Napoléon, que sa première union était dissoute par le décès de son conjoint lors de la célébration de la seconde, et invoque, à cet effet, des écrits privés que le ministère public conteste. Et bien d'autres hypothèses encore.

Mais, dans toutes ces circonstances, les écrits privés invoqués contre le ministère public et contestés par lui émanent de tierces personnes, de telle sorte que les formalités de la vérification, où le procureur impérial n'est point directement compromis, ne peuvent avoir rien de choquant à son égard. Ce n'est pas à lui, notamment, qu'il y aurait jamais lieu d'appliquer l'article 206 Proc. civ., permettant au juge commissaire d'ordonner qu'il sera fait, pour servir de pièce de comparaison, un corps d'écritures dicté par les experts à la personne dont l'écriture est contestée, et en présence du demandeur en vérification. D'un autre côté, il ne serait pas dans le cas d'être condamné à l'amende et aux dommages-intérêts édictés par l'article 213 Proc. civ., puisque ce n'est pas sa propre écriture qu'il a déniée, comme le suppose cet article.

Ne pourrait-il pas se faire aussi que la partie adverse invoquât contre le ministère public un écrit qu'elle prétendrait émané du procureur impérial lui-même, et que celui-ci ne voudrait pas reconnaître comme sien, de telle sorte qu'il faille le vérifier? On ne comprend pas trop que cela soit possible, car, en se reportant aux circonstances dans lesquelles le ministère public est partie principale, on ne prévoit pas quels pourraient être les écrits émanés du procureur impérial et qui seraient de nature à faire triompher la cause de son adversaire. On peut remarquer, dans tous les cas, que si cet écrit avait été dressé par lui dans l'exercice de ses fonctio, nsq et possédait le caractère authentique, la vérification d'é"nritures devrait être écartée. Il faut donc supposer qu'il s'agit d'écrits émanés du procureur impérial considéré individuellement et non à titre d'officier du ministère public. Or ces actes ne paraissent pas devoir être regardés comme émanant de la partie en cause, car la véritable partie, ainsi que nous l'avons montré plus haut (p. 638), ce n'est pas le procureur impérial personnellement, mais l'être moral, appelé ministère public qu'il représente. En cas pareil, il joue donc bien plutôt le rôle d'une sorte de témoin dans des conditions analogues à celles que prévoit l'article 211 Proc. civ.

VII. — *Faux incident.* — Lorsqu'il est produit dans l'instance un acte ayant le caractère authentique, la partie contre laquelle est faite cette production, et qui veut contester la sincérité de l'acte, doit procéder non plus par simple dénégation aboutissant à une vérification d'écritures, mais par voie d'inscription de faux (voy. art. 214 à 251 Pr. civ.).

S'il s'agit d'un acte produit par le ministère public et ue son adversaire argue de faux, toutes les règles or-

dinaires s'appliqueront sans qu'il se présente rien de
particulier, excepté que le procureur impérial auquel la
procédure de faux attribue un certain rôle comme partie
jointe (voy. art. 227, 249, 251 Proc. civ.) se trouvera
cumuler ce rôle avec celui de défendeur en faux.

Si au contraire le ministère public est demandeur en
faux et qu'il succombe, y aura-t-il lieu de prononcer
l'amende et les dommages-intérêts dont il est question
dans l'article 246 Proc. civ., comme ils le seraient
certainement contre un particulier dans les mêmes circonstances?

L'amende ne doit pas être prononcée, cela est incontestable, quand le ministère public exerçait une
action qui lui appartient à lui-même. C'est en effet
un principe général, consacré par le législateur, toutes
les fois qu'il en a eu l'occasion et qu'il y a pensé, que les
amendes auxquelles certaines procédures peuvent donner
lieu ne sont pas applicables aux administrations publiques ni au ministère public. Et le motif de cette décision est bien facile à saisir : l'amende imposée à une
administration serait perçue par une autre, de telle sorte
que ce serait toujours l'État qui se payerait à lui-même ;
il n'y aurait qu'un mouvement de fonds sans objet réel
comme sans utilité. C'est bien dans un cas de ce genre
que nous nous trouvons ici, car la véritable partie en
cause, celle qui devrait être condamnée à l'amende, ce
n'est pas le procureur impérial personnellement, c'est
le ministère public représentant de la société et pour le
compte duquel l'administration de l'enregistrement est

chargée de payer ou d'avancer les fonds quand il y a lieu. Or, dans le cas actuel, ce serait précisément cette même administration qui devrait percevoir l'amende.

Mais lorsque le ministère public représente des tiers, il n'est plus réellement partie au procès ; ce n'est donc plus contre lui, mais bien contre les tiers qu'il représente, que l'amende devra être prononcée s'il y a lieu. Il faut donc examiner si les tiers engagés dans le procès actuel se trouvent dispensés des amendes comme le ministère public lui-même. En cas d'affirmative, — par exemple s'il s'agit du domaine, — l'amende de l'article 246 ne sera point prononcée. En cas de négative, — s'il s'agit au contraire d'une fabrique d'église ou des intéressés de l'article 200 du Code Napoléon, — l'amende sera encourue.

Quant aux dommages-intérêts, la question de savoir s'ils pourront ou non être accordés en vertu de l'article 246 se rattache intimement à une autre plus générale : le ministère public peut-il être condamné à des dommages-intérêts par suite de l'action qu'il a exercée? Nous examinerons cette question plus loin, dans la 3° section de ce chapitre, et la solution que nous donnerons alors s'appliquera exactement ici comme dans les autres cas particuliers, soit en ce qui concerne les dommages-intérêts prononcés contre le procureur impérial personnellement, soit en ce qui concerne ceux qui seraient prononcés contre la véritable partie au procès, c'est-à-dire le ministère public, et qui en définitive seraient payés par le Trésor public.

Nous supposons, bien entendu, que le procureur impé-

rial n'est point soupçonné d'avoir pris part au faux. Si
une semblable accusation s'élevait contre lui, il serait
poursuivi personnellement au criminel. Au point de vue
de l'action du ministère public, cette poursuite est donc
dirigée contre un tiers, et ne peut avoir plus d'influence
que si elle s'adressait à un particulier quelconque.

VIII. — *Enquêtes*. — Le tribunal ne pourra ordonner
d'enquête, sur la demande du ministère public comme
sur celle de son adversaire, que dans les cas où la loi permet la preuve testimoniale et sous les conditions ordinaires (voy. art. 253 et 254 Pr. civ. et 1341 C. Nap.).
L'enquête, si elle a lieu, se fera conformément aux règles
générales indiquées par le titre XII, liv. II, du Code de
procédure civile (art. 252 à 294), sauf quelques remarques que nous allons faire.

Le ministère public étant ici partie principale, le procureur impérial sera présent à l'enquête (voy. art. 262
Pr. civ.), tandis qu'il n'y assiste pas lorsqu'il n'est que
partie jointe. Si c'est son adversaire qui poursuit l'enquête, on doit, à peine de nullité, lui notifier les noms des
témoins et l'assigner en son parquet pour assister à leur
déposition (voy. art. 261 Pr. civ. et arrêt de la Cour de
Colmar du 1ᵉʳ février 1831). La même obligation lui
incombe en cas contraire, c'est-à-dire si c'est lui qui demande l'enquête (voy. arrêt de la Chambre des requêtes
du 18 janvier 1845, affaire Poinsel, rapport de M. le
conseiller Mestadier; Dalloz, *Rec. périod.*, 1845, I-137).
La preuve contraire est toujours de droit pour le procureur impérial comme pour l'autre partie, suivant les prin-

cipes généraux ; et celui des deux adversaires contre
lequel l'enquête a été prononcée pourrait même provoquer son ouverture, dans le cas où celui qui l'a obtenue
ne la poursuivrait point.

Si le procureur impérial fait entendre plus de cinq
témoins sur un même fait, la disposition de l'article 281
Proc. civ., s'appliquera, de telle sorte que, si son
adversaire succombe, il ne pourra être condamné qu'aux
frais des cinq premières dépositions, mais non aux frais
de celles qui excèdent ce nombre.

Le procureur impérial, comme son adversaire, ne
pourra ni interrompre un témoin dans sa déposition, ni
lui faire aucune interpellation directe pour l'approuver
ou l'improuver, ni lui poser lui-même de question
(voy. art. 276 Pr. civ.). Il devra, aussi bien que toute
autre partie présente à l'enquête, s'adresser au juge
commissaire, qui posera la question au témoin (voy.
art. 273 Pr. civ.). Mais, si elle ne lui paraissait point de
nature à éclaircir la déposition du témoin ou à être
utilisée dans la cause d'une manière légale, le juge commissaire pourrait-il se refuser à la poser, ou devrait-il
dans certains cas obtempérer, malgré lui, aux réquisitions du ministère public? Cette question ne présente
rien de particulier dans notre matière, et elle devra être
résolue comme elle le serait dans une instance ordinaire
d'après les distinctions qu'on croira devoir faire suivant
que la partie adverse consentira ou non, qu'il s'agira
d'un fait indiqué ou non indiqué dans le jugement qui
ordonne l'enquête, admettant ou repoussant la preuve

testimoniale, pertinent ou étranger à l'essence de la
cause, etc. (Voy. Dalloz, *Recueil alphab.*, v° Enquête,
n° 315 à 318.)

VIII *bis*. — Comme sanction de la disposition qui
interdit aux parties de troubler l'enquête ou d'y interve-
nir autrement que par l'intermédiaire du juge commissaire, l'article 276 Proc. civ. met plusieurs peines
entre les mains de ce dernier : d'abord une amende de
10 francs, et, en cas de récidive, une plus forte amende
dont le chiffre est laissé à sa discrétion, et même l'exclusion du perturbateur ; le tout exécutoire, nonobstant
opposition ou appel. Ces peines seraient-elles applicables
au procureur impérial ?

Il semble bien peu probable qu'il se mette dans le cas
de les encourir. Cependant les recueils d'arrêts eux-
mêmes, malgré leur laconisme et leur réserve bien naturelle pour ce qui concerne les faits de ce genre, nous
fournissent la preuve que des tiraillements, des luttes
quelquefois fort vives, voire des querelles qui en arrivent
dans certains cas jusqu'à de grossières injures, ne sont
point sans précédent dans les petits tribunaux (voy. par
exemple l'arrêt de la Cour de Rennes du 9 février 1835,
Dalloz, *Rec. alphab.*, v° Fonctionnaire public, n° 139, où
il s'agit de faits provoqués entre un substitut et un juge
d'instruction, par une procédure correctionnelle, et dont
le point de départ fut précisément une injonction de
sortir du parquet adressée par le substitut au juge). Il faut
donc malheureusement prévoir le cas où l'officier du
parquet oublierait ses devoirs et sortirait des bornes de la

modération, je ne veux pas dire de la décence, bien qu'il ne soit pas impossible de trouver des circonstances assez regrettables pour justifier largement cette qualification.

Que pourra faire le juge commissaire? L'amende, comme nous l'avons déjà vu tout à l'heure (p. 104), ne peut jamais être prononcée contre le ministère public, parce qu'elle le serait en réalité contre les caisses publiques chargées de la percevoir.

Reste donc, et seulement en cas de récidive, l'exclusion du lieu où s'accomplit l'enquête. C'est là une peine extrêmement grave, comme l'indique la manière même dont s'exprime la loi, et que le juge commissaire ne doit prononcer qu'à la dernière extrémité, lorsque la partie coupable se conduit de telle façon que la continuation de l'enquête devient impossible en sa présence. Or, il sera probablement fort rare qu'un membre du parquet en arrive jusque-là. Mais enfin, ce qui s'est passé quelquefois autorise bien des suppositions. Le juge commissaire pourrait-il user, le cas échéant, de ce moyen rigoureux?

Non, une pareille mesure serait directement contraire à l'esprit de la loi, car le ministère public est indépendant des tribunaux, qui ne peuvent lui faire aucune injonction, de quelque nature qu'elle soit, lui adresser aucun reproche, aucune réprimande, ni directe ni indirecte, de quelque manière qu'il ait cru devoir se comporter même devant lui et à son audience. C'est là une tradition de l'ancien droit où les gens du roi, — comme on appelait alors les membres du ministère public, malgré l'indépendance qu'ils puisaient dans la patrimonialité de leurs charges, — semblaient participer de loin à l'inviolabilité de la couronne.

Du reste cette règle est fort naturelle quand le procureur impérial est partie jointe, c'est-à-dire désintéressé et impartial. Mais peut-être aurait-elle dû être écartée lorsqu'il devient partie principale, défenseur d'une thèse déterminée et fort susceptible de se passionner pour elle, aujourd'hui surtout que les membres du parquet sont bien plus les gens du roi, — c'est-à-dire les hommes du gouvernement, pour employer des termes moins surannés, — qu'ils ne le furent jamais autrefois lorsqu'ils portaient ce nom.

Malheureusement, il est certain que le législateur n'a pas songé à faire de différence, car il n'aurait pas manqué de le dire en matière criminelle, où le ministère public est presque toujours partie principale, adversaire du prévenu, et promoteur des poursuites. Cependant les rares interventions indirectes permises aux tribunaux (voy. notamment, Code d'instr. crim., art. 9 et 235; loi du 20 avril 1810, art. 11; loi du 26 mai 1819, art. 25) ne sont relatives qu'à la police judiciaire. Nous ne pouvons donc aller contre une intention certaine du législateur sur laquelle la jurisprudence n'a jamais hésité (voy. Dalloz, *Rec. alphab.*, v° Ministère public, n° 55 et suiv.), et nous sommes forcés d'accepter cette inégalité entre la situation du procureur impérial et celle de son adversaire, en reconnaissant du reste qu'il sera bien rare qu'elle présente des inconvénients dans la pratique, et que, s'il est possible que le procureur impérial soit mal

disposé pour le juge commissaire, l'hypothèse inverse
n'est pas plus invraisemblable, car, dans ces luttes, qui
se produisent parfois entre les membres du tribunal et le
ministère public, tous les torts ne sont pas toujours du
côté de celui-ci.

Le seul droit qu'ait le tribunal, — et par conséquent le
juge commissaire dont les pouvoirs ne sauraient évidemment comporter plus d'extension que ceux du tribunal
lui-même, — le seul droit direct qu'il ait contre le ministère public pour mettre un terme à ses empiétements ou
réprimer ses écarts, c'est d'en instruire le supérieur hiérarchique de l'officier répréhensible ou coupable (voy. loi
du 20 avril 1810, art. 61).

Lorsqu'il s'agit des membres du ministère public près
d'un tribunal, la plainte doit être adressée au premier
président et au procureur général de la Cour dans le ressort de laquelle se trouve le tribunal. Le procureur général peut alors, en vertu de l'article 60 de la loi du 20 avril
1810, les rappeler à leur devoir, et il doit en rendre
compte au ministre de la justice, qui, suivant la gravité
des circonstances, prendra les mesures nécessaires. Lorsqu'il s'agit des officiers du ministère public près une
Cour, la plainte doit être adressée au ministre de la justice. Du reste, si l'officier répréhensible était, soit un
substitut du procureur impérial, soit un avocat général
ou un substitut du procureur général, rien ne s'opposerait à ce qu'on avertît d'abord officieusement son chef
immédiat, sauf à rentrer ensuite, si cela était nécessaire,
dans la voie tracée par l'art. 61 de la loi du 20 avril 1810.

Mais, dans tous les cas, la plainte doit rester confidentielle (voy. arrêt de la Cour de cassation, chambre criminelle, du 31 janvier 1839, Intérêt de la loi *contre* Ramassa-Michetty; Dalloz, *Rec. alphab.*, v° Discipline judiciaire, n°s 211 et 213). En effet, si le tribunal exprimait publiquement et authentiquement, dans les actes de son ministère, par exemple dans les considérants d'un jugement, l'intention de déférer la conduite du procureur impérial à ses supérieurs armés contre lui de l'action disciplinaire, il prononcerait, en réalité, une véritable censure, c'est-à-dire précisément une des peines disciplinaires établies par l'article 50 de la loi du 20 avril 1810.

Le texte de l'article 61 de la loi de 1810 suppose que la dénonciation est formée par la Cour ou par le tribunal. Le juge commissaire qui aurait à se plaindre de la tenue du procureur impérial durant l'enquête fera donc bien d'en référer au tribunal. Cependant il pourrait aussi avertir directement le procureur général, car, pour ce qui touche à la confection de l'enquête, il constitue à lui seul une sorte de tribunal, et c'est seul, en effet, qu'il prononce contre les parties turbulentes les peines indiquées par l'article 276 Proc. civ., auxquelles la plainte dont nous parlons est destinée à suppléer pour ce qui concerne le ministère public. Remarquons, enfin, qu'il s'agit d'un acte confidentiel, sans formes solennelles, auquel le procureur général est toujours libre de n'avoir aucun égard, de telle sorte qu'il ne peut produire de bien grands inconvénients, et que, s'il avait été accompli sans qualité, on ne saurait comment s'y prendre pour le faire annuler.

Voilà donc quels sont les droits du juge-commissaire vis-à-vis du procureur impérial. Mais quoi qu'il ne puisse point ordonner son expulsion en vertu de l'article 276 Procédure civile, comme celle de l'autre partie, il ne serait point pour cela complétement désarmé pendant l'audience même d'enquête, dans les hypothèses extrêmes que nous examinons en ce moment.

Si le procureur impérial s'obstinait à interroger lui-même un témoin, il pourrait, en effet, défendre à celui-ci de répondre, et, dans le cas où il répondrait néanmoins, interdire au greffier de consigner cette réponse, ce qui lui enlèverait la plus grande partie de son utilité, puisqu'elle ne pourrait pas être lue au tribunal. Le juge-commissaire est maître du procès-verbal qu'il n'authentique qu'en le signant avec le greffier. D'ailleurs, la question ayant été irrégulièrement posée, le tribunal pourrait toujours n'en pas tenir compte, si elle avait été écrite dans le procès-verbal, ou même ordonner que la réponse ne lui serait point lue.

Dans le cas où le procureur impérial adresserait des injures, soit à un témoin, soit à la partie adverse, le juge-commissaire pourrait, à notre avis, donner acte à la personne offensée, sur sa demande, des paroles prononcées ou des faits accomplis par l'organe du ministère public, de manière à faciliter plus tard l'exercice des poursuites qui pourraient être intentées contre lui.

Cependant cette doctrine a été formellement condamnée par un arrêt de la Cour de cassation, chambre criminelle, du 20 octobre 1835 (affaire Ministère public contre Blavot ; voy. Dalloz, *Recueil alphabétique*, v° Discipline judiciaire, n° 213 — 2°), rendu il est vrai dans des circonstances particulières : le jugement ne s'était point borné à donner acte des paroles prononcées par l'organe du ministère public (il s'agissait d'un commissaire de police poursuivant devant un tribunal de police), il avait en outre censuré dans les considérants nonseulement la plaidoirie, mais aussi la conduite antérieure du commissaire de police relativement à cette affaire, et s'était même fondé sur cette conduite pour diminuer la peine infligée au contrevenant. L'excès de pouvoir était donc incontestable. Je sais bien que les motifs de l'arrêt rejettent expressément le simple droit de donner acte des faits, en indiquant pour raison que les articles 60 et 61 de la loi du 20 avril 1810 ne permettent pas la censure des actes du ministère public par les tribunaux auprès desquels ils siégent, et autorisent simplement ceux-ci à en instruire les supérieurs hiérarchiques des officiers répréhensibles.

Mais j'ai peine à croire que la Cour de cassation déciderait de même si un tribunal, ou dans notre hypothèse actuelle le juge-commissaire, donnait seulement acte de certaines paroles prononcées par le procureur impérial, sans les qualifier d'aucune manière. En effet, il n'y a point là de censure, mais la simple constatation d'un fait dont l'individu qui se prétend offensé possède ainsi une preuve authentique, ce qui ne préjuge rien sur la nature de ce fait. Ce serait une vexation sans motifs que de lui refuser cette preuve, d'autant plus que dans notre espèce, celle d'une enquête, il pourrait arriver que tous les faits se passent entre quatre personnes seulement, le juge-commissaire, le greffier qui l'assiste, le procureur impérial et l'offensé, qui serait, soit la partie adverse, soit un témoin.

Enfin, si l'attitude de l'organe du ministère public était telle que la continuation de l'enquête devînt impossible dans des conditions impartiales et dignes, le juge-commissaire pourrait lever la séance et la renvoyer à un délai suffisant pour instruire le procureur général ou le ministre de la justice, afin d'éviter le renouvellement des mêmes scènes. Mais il devrait se garder de motiver sa décision, au moins par écrit, car elle serait alors considérée comme une entreprise sur l'indépendance du ministère public, c'est-à-dire comme un excès de pouvoir que la Cour de cassation ne manquerait pas d'annuler.

Dans tout ce qui précède, nous supposons que les fautes reprochées au ministère public consistent seulement dans des injures ou des diffamations, ou, tout au plus, des voies de fait dont l'importance est principalement morale, comme certains gestes, ou un soufflet. Mais il est clair que si, par impossible, un procureur impérial s'oubliait jusqu'à donner des coups, faire des blessures, mettre en danger la sécurité des personnes présentes, etc., nos règles ne pourraient plus être appliquées; le juge-commissaire devrait suspendre immédiatement l'enquête et aviser à tout ce qui serait nécessaire suivant l'exigence de chaque cas.

VIII *ter*. — D'après l'article 268 Procédure civile, les parents ou alliés des parties en ligne directe ne peuvent être cités comme témoins, et, d'après l'article 283 Procédure civile, on peut reprocher les parents ou alliés des parties jusqu'au degré de cousin germain, ainsi que les personnes qui ont avec l'une d'elles certains rapports déterminés.

Ces articles peuvent évidemmeut être invoqués par le ministère public contre son adversaire. Mais celui-ci pourrait-il également les invoquer contre lui? Par exem-ple, pourrait-il reprocher un témoin parce qu'il est le frère du procureur impérial? Cette question présente la plus grande analogie avec celle que nous avons examinée plus haut (p. 84) relativement à la récusation des juges. Elle doit être résolue de la même manière et pour les mêmes raisons. Par conséquent, les relations de parenté ou autres existant entre le procureur impérial et les témoins cités ne pourront servir de prétexte pour les reprocher, ce qui n'empêchera pas, bien entendu, la par-tie adverse de discuter la valeur de leur témoignage, car cette discussion est toujours de droit.

Les reproches proposés par le ministère public contre les témoins de son adversaire le seront conformément aux règles ordinaires. Ils devront donc être articulés par le procureur impérial avant la déposition du témoin et en termes précis (voy. art. 270 Pr. civ.); après la déposition, ils ne seront plus admissibles que s'ils se trouvent justifiés par écrit (voy. art. 282 Pr. civ.). Quand il n'y a pas de preuve écrite, la partie qui propose le reproche est tenue d'en offrir la preuve par des témoins qu'elle indique, et qui eux ne sont reprochables que sur justification par écrit ; cette petite enquête incidente se fait dans la forme des enquêtes sommaires (voy. art. 289 et 290 Pr. civ.). Si le reproche est admis, la déposition du témoin reproché n'est pas lue (voy. art. 291 Pr. civ.).

Il n'y a jusqu'ici rien de particulier ; mais la fin de l'article 289 Pr. civ. suppose que des réparations et dommages-intérêts peuvent être dus au témoin reproché à tort. Le ministère public pourrait-il être condamné à ces dommages-intérêts? C'est encore un cas particulier de la question générale que nous avons déjà posée précédemment (p. 105), et que nous examinerons dans la suite de ce chapitre VIII, 3e section, 2e partie, § 3.

VIII *quater*. — D'après l'article 293 Procédure civile si l'enquête est déclarée nulle par la faute de l'avoué, elle ne sera pas recommencée; mais la partie pourra répéter contre l'avoué les frais de l'enquête, et, en outre, demander des dommages-intérêts à raison du tort qui en résulterait pour elle. Le procureur impérial remplissant les fonctions d'avoué, comment, et dans quelle mesure cette disposition lui sera-t-elle appliquée?

L'interdiction de recommencer l'enquête est un droit précieux pour l'autre partie, et qui ne peut lui être enlevé par cette circonstance que le procureur impérial occupe lui-même au lieu et place d'un avoué.

· Quant aux frais de l'enquête annulée, si c'est le ministère public qui succombe, il est bien clair qu'ils restent à sa charge, ou plutôt qu'ils sont supportés par l'administration de l'enregistrement qui les avait provisoirement payés et qui ne pourra rentrer dans ses avances. Si le ministère public triomphe, pourra-t-il, au contraire, faire entrer les frais de l'enquête irrégulière dans la masse des dépens que son adversaire est condamné à payer? Non, car cette enquête ayant été annulée, n'a servi à rien dans la cause. Les frais qu'elle a occasionnés sont donc des frais inutiles qui doivent rester à la charge de l'officier ministériel négligent. Il se trouve qu'ici, au lieu d'un avoué, nous avons en face de nous un procureur impérial. Mais l'autre partie ne peut souffrir de cette anomalie de procédure, et il ne saurait en résulter pour elle l'obligation de payer ce qu'elle ne doit pas. On ne comprendrait point, d'ailleurs, qu'une forme de procédure pût changer le fond du droit.

Restent les dommages-intérêts que la partie lésée peut réclamer à son avoué négligent ou incapable. De ces dommages-intérêts, il ne peut pas en être question ici, car le procureur impérial réunit en lui la double qualité d'avoué et de partie, ou du moins de représentant de la partie, de telle sorte que si le droit avait pu prendre naissance, il se trouverait éteint par une espèce de confusion. Les fautes du procureur impérial l'exposeront seulement à des réprimandes disciplinaires. D'ailleurs, son amovibilité, qui le met dans ce cas à la discrétion absolue de ses supérieurs, permettra toujours d'en empêcher le renouvellement, et en préviendra même la fréquence par la crainte salutaire qu'elle inspire.

IX. — *Rapports d'experts.* — Les rapports d'experts ne peuvent guère donner lieu, dans notre matière, qu'à des remarques déjà faites pour d'autres voies d'instruction. Il est d'abord bien évident que toutes les règles qui ne sont relatives qu'aux experts eux-mêmes et à la forme de leur rapport (voy. art. 302 et 316 à 323 Pr. civ.) ne pourront éprouver aucune modification par suite de l'introduction du ministère public dans le procès.

Les droits attribués aux parties, pour la fixation du nombre ou la désignation des experts (voy. art. 303 à 306 Pr. civ.) appartiendront au ministère public qui devra les exercer de la même manière; il sera tenu, par exemple, comme toute autre partie, de déclarer au greffe, dans les trois jours de la signification du jugement ordonnant l'expertise, les experts choisis de concert avec son adversaire (voy. art. 305 et 306 Pr. civ.), quoique, dans les circonstances ordinaires, le tribunal ne puisse adresser au ministère public aucun ordre ou injonction, ni directe, ni indirecte. Mais c'est dans son rôle de partie et non dans son rôle d'avoué que rentre l'exercice de ces droits, d'où la conséquence qu'il ne les possède plus lorsqu'il n'est point réellement partie au procès, lorsqu'il représente des tiers, comme le domaine, une fabrique d'église, un proviseur de lycée, etc. Ces droits restent aux véritables parties, c'est-à-dire aux tiers qu'il représente.

Le procureur impérial assistera aux opérations des

experts, si bon lui semble, comme les autres plaideurs, mais il sera obligé d'accepter l'heure et le lieu qu'ils choisiront (voy. art. 315).

Enfin, la récusation des experts peut être faite par les parties pour les mêmes motifs qui permettraient de reprocher les témoins (voy. art. 310). Ce que nous avons dit tout à l'heure à propos des témoins s'appliquerait donc ici. Par conséquent, un expert ne pourrait pas être récusé sous prétexte qu'il est parent du procureur impérial ou qu'il existe entre eux quelques-unes des relations indiquées par l'article 283 Pr. civ. (voy. ci-dessus, p. 116). Du reste, des raisons de décence, sinon de droit strict, s'opposeraient évidemment à ce que le tribunal désigne pour experts des serviteurs ou domestiques du procureur impérial, et celui-ci devrait non moins soigneusement se garder de faire un pareil choix. D'un autre côté, le ministère public peut aussi récuser des experts; mais, si sa récusation est rejetée, sera-t-il possible de le condamner à des dommages-intérêts, soit envers l'expert, soit envers la partie adverse, comme le suppose l'article 314 Procédure civile? C'est la même question qui a été posée déjà pour les témoins (ci-dessus, p. 117), et ici encore elle doit être réservée (voy. plus loin, 3ᵉ section du présent chapitre viii, 2ᵉ partie, § 3).

X. — *Descentes sur les lieux*. — L'article 300 Procédure civile dit expressément que la présence du ministère public n'est nécessaire que lorsqu'il est partie principale. Elle est donc nécessaire dans ce cas. Et, en effet, les parties doivent assister aux descentes sur les lieux.

Mais il est bien clair que si le procureur impérial ne se présente point aux jour, heure et lieu indiqués par le juge-commissaire, bien qu'il ait été dûment sommé d'y assister (voy. art. 297 Pr. civ.), ou qu'il en ait requis lui-même l'exécution, les opérations de la descente n'en seront pas moins exécutées. Il faut remarquer, du reste, que lorsqu'il représente une partie étrangère, notamment le domaine, c'est cette partie elle-même que l'on doit sommer d'assister à la descente, par représentant, bien entendu, lorsqu'il s'agit d'un être moral. Ce qui n'empêchera pas le procureur impérial d'y assister aussi, si bon lui semble, car il en a toujours le droit, et il l'a d'autant plus ici que, s'il n'est pas précisément partie, il est au moins l'avoué de la partie.

Le ministère public, comme toute autre partie, ne peut obtenir l'exécution de la descente sur les lieux qu'en consignant les frais de transport au greffe (voy. art. 301 Pr. civ.). Les controverses qui se sont élevées sur cette consignation, dans le cas où la descente sur les lieux a été, soit ordonnée d'office par le tribunal, soit demandée primitivement par l'adversaire de la partie qui en requiert aujourd'hui l'exécution, ces controverses ne présentent rien de particulier dans notre matière. (Voyez les opinions des divers auteurs dans Dalloz, *Rép. alphab.*, v° Descente sur les lieux, n° 39.)

XI. *Interrogatoire sur faits et articles.* — C'est un moyen d'instruction auquel on ne recourt le plus souvent qu'à défaut d'autre. Mais son emploi n'est point limité, comme celui de l'enquête, par exemple ; car l'ar-

ticle 324 Pr. civ., déclare expressément que chaque
partie peut, « en toutes matières et en tout état de
cause », demander à faire interroger son adversaire sur
faits et articles pertinents. Ces termes sont peut-être un
peu généraux, et il faut les entendre avec réserve. Mais
ce n'est pas ici le lieu d'examiner ce point.

Toujours est-il que le ministère public peut faire interroger son adversaire sur faits et articles pertinents,
en se soumettant aux règles ordinaires indiquées par le
Code de procédure (art. 324 à 336), et notamment en
justifiant de la pertinence des questions qu'il propose.

La fin de l'article 333 décide que celui qui a requis
l'interrogatoire ne peut y assister. C'est là une disposition dont les motifs n'apparaissent pas bien clairement,
à moins de l'expliquer avec Boncenne (*Théorie de la
procédure civile*, t. IV, p. 546), en disant que « les législa-
teurs modernes ont eu la délicate attention d'épargner à
la partie interrogée la gêne et l'ennui qu'auraient pu
leur causer la figure attentive d'un contradicteur et les
questions souvent trop pressantes qu'il s'aviserait de sug-
gérer ». Les préoccupations des rédacteurs du Code de
procédure avaient sans doute un autre but, mais de
quelque nature qu'ait pu être ce but, il n'en semble pas
moins qu'il y ait une sorte de contradiction à *interdire*
la présence de la partie dans l'interrogatoire sur faits et
articles, lorsqu'on l'*exige* dans l'enquête (voy. art. 261
Pr. civ.) et pour la dictée d'un corps d'écritures destiné
à servir de pièces de comparaison dans la vérification

d'écritures. (Voy. art. 206 Pr. civ.) Les inconvénients qu'on pourrait craindre dans le premier cas ne semblent pas plus improbables dans les deux autres.

Quoi qu'il en soit, la loi est formelle et sa décision doit être appliquée au ministère public comme à tout le monde. J'ajoute même qu'elle pourrait s'expliquer ici beaucoup mieux que dans les circonstances ordinaires.

En effet, les relations sociales, sinon l'intimité, qui existent presque toujours entre le procureur impérial et le juge-commissaire, par suite du rapprochement de leurs positions, établirait forcément une inégalité de fait entre les deux parties contendantes et permettrait souvent au procureur impérial de se mêler peu à peu de l'interrogatoire, contrairement au vœu de la loi qui n'admet pas qu'une partie interroge l'autre. La personne soumise à l'interrogatoire, déjà intimidée peut-être par la haute position du ministère public et l'influence qu'elle lui donne contre elle, se troublerait bien plus encore de cette situation inégale qui lui ôterait quelquefois la fermeté nécessaire pour maintenir ce qu'elle dit ou résister à des questions sortant des faits directs de la cause qu'on lui poserait à tort ; elle l'entraînerait souvent à des incohérences de réponse qu'on prendrait à tort pour des traces de mauvaise foi.

Il est rare, en effet, que le système des surprises, qui suscite le trouble d'un homme pour en profiter contre lui, soit utile et légitime dans un interrogatoire : pour une vérité qu'il arrache par hasard, il consacre cent erreurs. La loi, du reste, est bien loin de l'adopter dans notre matière, puisqu'au lieu de prendre soin que la partie interrogée soit soumise à des questions tout à fait imprévues, autant que faire se peut, elle ordonne, au contraire, que la requête contenant les questions qui seront posées lui soit signifiée au moins vingt-quatre heures avant l'interrogatoire (voy. art. 329 Pr. civ.), et elle attache une grande importance à cette signification, car elle la confie exceptionnellement à un huissier commis par le président. Le vœu du législateur, c'est donc que le plaideur n'ait pas assez de loisir pour combiner des fraudes qu'il puisse justifier d'une manière spécieuse, mais conserve le temps nécessaire pour méditer ses réponses et, par suite, la liberté d'esprit indispensable pour éviter des surprises. La présence du procureur impérial empêcherait plus d'une fois d'atteindre ce dernier but.

XI *bis.* — Prenons maintenant la situation inverse. Le procureur impérial, qui peut faire interroger son adversaire, pourra-t-il également être interrogé sur la requête de celui-ci ?

Il est bien clair d'abord que si le ministère public ne figurait au procès que comme représentant de certains tiers, par exemple le domaine ou les intéressés de l'article 200 C. Nap., ce n'est pas le procureur impérial qu'il pourrait être question d'interroger sur faits et articles, mais bien les véritables parties, pourvu toutefois qu'un pareil mode d'instruction ne se trouve point leur être inapplicable. Ce cas doit donc être écarté tout de suite pour nous restreindre aux circonstances où l'action appartient au ministère public.

Les termes mêmes dans lesquels l'article 324 Pr. civ. consacre le droit pour les parties de se faire respectivement interroger sur faits et articles semblent montrer que, dans la pensée du législateur, ce droit est essentiellement corrélatif, c'est-à-dire que chaque partie ne peut l'exercer que parce qu'elle est exposée elle-même à le subir, s'il plaît à son adversaire de le réclamer. Cependant ce principe n'est pas absolu. Les auteurs admettent en effet que, pour être obligé de se prêter à l'interrogatoire, il faut avoir la capacité d'aliéner les objets sur lesquels porte le litige; car l'interrogatoire a pour but d'obtenir un aveu, qui constitue souvent. de la part de celui qui le fait, une véritable aliénation, et cette aliénation ne peut être valable que s'il a la capacité nécessaire pour la consentir. Ainsi, un mineur non émancipé ou un interdit ne pourrait être interrogé sur faits et articles ; et son tuteur ne sera tenu de répondre que s'il s'agit de droits mobiliers dont il a la disposition. (Voyez les opinions des divers auteurs résumées sur tous ces points par **Dalloz**, *Rép. alphab.* v° Interrogatoire sur faits et articles, n°ˢ 12 et suiv.) L'adversaire du mineur ou de l'interdit sera donc souvent dans l'impossibilité de faire interroger personne sur faits et articles, et cependant, on pourra très-bien le faire interroger lui-même. Nous pourrions facilement trouver d'autres hypothèses du même genre, par exemple pour les femmes mariées. La réciprocité n'est

donc pas un caractère essentiel du droit de faire interroger sur faits et articles.

Or, en considérant la situation particulière du procureur impérial dans l'instance, on se convainc bien vite
que ce moyen d'instruction lui est tout à fait inapplicable. Nous savons que le procureur impérial n'est pas
personnellement engagé dans le procès ; l'action n'est
même point précisément inhérente à sa personnalité
publique, elle appartient au corps du ministère public
dont il n'est que le représentant (voyez la première section de ce chapitre, § I, p. 8) et qui, lui-même, tire
ses droits d'une délégation de la société.

La partie en cause, et qu'il faudrait interroger sur les
faits et articles pertinents, ce n'est donc pas le procureur
impérial, même considéré comme magistrat en faisant
abstraction de sa personnalité individuelle, c'est l'être
moral qu'on appelle ministère public. Or, cet être moral
se trouve dans la même situation que les administrations
d'établissements publics dont parle l'article 336 Procédure civile ; on ne peut pas l'interroger directement lui-
même, et il ne peut subir l'interrogatoire que dans la
personne d'un individu réel qu'il charge de le représenter. C'est donc à ce titre seulement qu'on interrogerait
le procureur impérial.

Si l'on voulait rigoureusement assimiler le ministère
public à une administration d'établissement public et lui
appliquer en conséquence l'article 336 Procédure civile,
le procureur impérial se présenterait avec des réponses
écrites qu'il se bornerait à lire, et, comme le remarque

Boitard avec raison (*Leçons de Procédure civile*, n° 525), « il n'y a plus là d'interrogatoire que le nom, » et « la comparution devant le juge est absolument illusoire ». J'ajoute tout de suite, qu'en fait, il n'y aurait guère moyen d'organiser l'exécution de cette mesure pour le ministère public. Mais toujours est-il que le procureur impérial ne pourrait représenter le ministère public que dans les limites du mandat tacite qu'il en a reçu. Or, ce mandat lui permet d'exercer les droits du ministère public, mais il ne lui confère pas, au moins en général, la capacité nécessaire pour les aliéner, car un autre officier du même corps peut revenir sur ses actes, s'il n'y a pas d'ailleurs quelque empêchement d'une nature particulière, tel que serait, par exemple, l'épuisement d'un délai. L'interrogatoire du procureur impérial serait donc inutile, à peu près comme celui d'un mineur.

Resterait à invoquer les derniers mots de l'article 336 Procédure civile qui permet « de faire interroger les administrateurs et agents sur les faits qui leur seront personnels, pour y avoir, par le tribunal, tel égard que de raison. » Ceci suppose, bien entendu, que les administrateurs ou agents figurent dans la cause au moins comme représentants des établissements publics, car autrement l'article 324 ne permettrait point un interrogatoire sur faits et articles qui ne serait qu'une enquête déguisée et peut-être dans un cas où la loi l'interdit formellement.

Telle est bien, en effet, la situation du procureur

impérial, et la difficulté ne s'élève point de ce côté. Mais les termes mêmes de l'article 336 montrent que ce n'est point là un interrogatoire qui doive produire toujours les conséquences ordinaires. Il ne peut être question, dans cet interrogatoire, que des actes accomplis par l'administrateur, — ou par le procureur impérial, — en sa qualité de représentant de l'être moral en instance, car ce qu'il aurait fait sous son nom personnel et dans sa vie privée, serait évidemment étranger au litige, au moins au point de vue où nous le considérons maintenant. D'un autre côté, pour que l'acte qu'il a fait dans l'exercice de ses fonctions soit opposable à l'être moral qu'il représente, il faut qu'il ait eu le droit de le faire en cette qualité, car, en cas contraire, cet acte pourrait tout au plus retomber sur lui personnellement; ainsi, en admettant que l'agent d'un établissement public, exclusivement chargé de percevoir les intérêts d'une créance, reconnaisse qu'il en a reçu le capital, cet aveu ne serait pas opposable à l'établissement public (voy. Pigeau, *Procédure civile*, sur l'article 336 ; Carré et Chauveau, *Lois de la procédure civile*, n° 1265). Voilà pourquoi l'article 336 Procédure civile nous dit que le tribunal aura « tel égard que de raison », aux réponses de l'administrateur, c'est-à-dire que quelquefois il n'y aura pas égard du tout, tandis que l'aveu judiciaire émané de la partie fait preuve pleine et entière (voy. art. 1356 C. Nap.).

Nous sommes donc de nouveau en face de l'obstacle qui nous avait arrêté déjà tout à l'heure : le procureur

de la République n'a pas qualité pour aliéner définitivement les droits du ministère public.

Du reste, l'adversaire du ministère public n'aura pas
grand regret de ne pouvoir le faire interroger sur faits et
articles; car, lorsqu'on a mis de côté les cas où il représente des tiers, comme le domaine par exemple, — et
nous n'y avons pas manqué (voy. ci-dessus p. 124), —
on ne voit pas quels pourraient être, dans les instances
soutenues par le ministère public, les faits pertinents sur
lesquels il serait utile de l'interroger. Par leur nature
même, les circonstances qui donnent lieu à ces procès
ont dû presque toujours échapper à la connaissance et
surtout à l'intervention des officiers du parquet, parce
qu'elles ne rentrent pas dans les limites de leurs attributions. Lorsqu'une administration publique, celle du domaine je suppose, plaide contre un particulier, c'est à
l'occasion d'actes pour lesquels elle s'est déjà trouvée en
contact avec lui directement ou indirectement. Elle se
comporte, en effet, dans une foule de circonstances
comme une personne réelle; elle passe des actes, elle
possède des biens, elle a relativement à eux des droits et
des obligations, etc. Le ministère public, au contraire,
présente un caractère bien différent; il n'a pas été mêlé
aux faits qui motivent son action; il n'a point été lésé,
comme l'est par exemple l'administration des domaines
lorsqu'un particulier usurpe un bien de l'État; c'est la
société qui a souffert, et le ministère public agit au nom
de la société.

Mais si l'on voulait oublier que le procureur de la République ne doit être considéré dans l'instance qu'en sa qualité de magistrat, si l'on voulait chercher en lui ce qu'il sait comme homme privé, il pourrait souvent y avoir quelque utilité à l'interroger. Supposons, par exemple, que le procureur de la République poursuive la nullité d'un mariage pour incompétence de l'officier public, aucune des deux parties ne se trouvant, d'après lui, domiciliée dans la commune où il a été célébré ; ou encore qu'il argue de la non-publicité de la célébration. Si par hasard il avait assisté au mariage, ou s'il connaissait les parties, il est clair qu'il pourrait être utile de l'interroger sur des faits de nature à prouver que la célébration avait eu la publicité requise, ou que les parties étaient réellement domiciliées dans la commune où avait eu lieu le mariage.

Seulement celui qu'on voudrait interroger ainsi ne serait plus la partie, mais un tiers qu'il faudrait considérer comme un témoin, et dès lors nous retomberions dans le cas d'une enquête avec les distinctions qu'il peut comporter.

XII. *Serment décisoire et supplétoire.* — Le serment décisoire ou supplétoire (voy. art. 1357 à 1369 C. civ. 120 et 121 Pr. civ.) est un véritable moyen d'instruction, ce qui nous engage à l'examiner rapidement ici, bien que les dispositions qui le régissent soient placées presque toutes au Code civil.

Parlons d'abord du serment décisoire.

XII. *a.* — Peut-il être déféré au procureur de la République par son adversaire ? La négative est certaine. Si l'article 1358 Code civil dit d'une manière très-générale : « Le serment peut être déféré sur quelque espèce de contestation que ce soit », l'article 1359 ajoute aussitôt « qu'il ne peut être déféré que sur un fait personnel à la partie à laquelle on le défère ».

Or, nous venons de rappeler encore à l'instant que la véritable partie, c'est le ministère public, non le procureur de la République, dont les actes personnels seraient étrangers au débat, d'autant plus que les faits de la cause ne touchent même pas d'ordinaire au ministère public qui n'en connaît que pour les traduire devant les tribunaux. Cette idée a déjà été indiquée tout à l'heure (page 129).

XII. *b*. — Mais à l'inverse, le procureur de la République pourra-t-il déférer le serment à la partie contre laquelle il plaide? Dans ce second cas, l'objection que nous venons d'exposer sur le premier ne porte plus ; mais il s'en présente une autre, non moins décisive, qui embrasse ces deux cas à la fois.

Malgré les termes extrêmement larges de l'article 1358 Code civil qui semblent exclure toute limite à l'emploi du serment décisoire, il ne faut pas oublier que ce serment ne constitue en définitive qu'une sorte de transaction (voy. art. 1363, 1364 et 1365 C. civ.), et par suite qu'il ne peut être admissible dans des circonstances où la transaction serait interdite. Or, « pour transiger, il faut avoir la capacité de disposer des objets compris dans la transaction »; ce sont les termes de l'article 2045 Code civil. Le procureur de la République n'a pas cette capacité dans les actions qu'il intente, car ces actions ne lui appartiennent pas, elles appartiennent au ministère public dont il n'est que le mandataire; un autre représentant du même corps pourrait les exercer comme lui (car il y a presque toujours plusieurs membres du parquet compétents pour accomplir personnellement un certain acte), et la transaction qu'il aurait consenti ne pourrait évidemment lier un autre. Son mandat général ne comprenait pas les actes de disposition (comparez l'article 1988 C. civ.). Voyez sur des espèces analogues, c'est-à-dire où le mandataire déférant le serment n'avait pas le pouvoir de transiger, les arrêts de la Cour de Grenoble du 23 février 1827; de la Cour de Bordeaux du 30 juillet 1829; de la Cour de cassation, chambre des requêtes, du 27 avril 1831 (Devill. et Car., 1831, I-194); de la Cour de Rouen du 24 février 1842 (Devill. et Car., 1842, II-262); de la Cour de Paris du 20 février 1844 (Devill. et Car., 1844, II-538).

Puis, pour que la transaction soit valable, il faut qu'elle porte sur des objets disponibles qui sont dans le commerce (voy. art. 1128 C. civ.), qui ne touchent pas à l'ordre public et ne sont pas distraits à ce titre du champ des conventions. Or, la plupart des causes où le ministère public est partie principale intéressent l'ordre public, et par suite se trouvent écartées par une double raison, car on ne pourrait, par exemple, déférer le serment sur une question de filiation ou de séparation de corps, quoique certains arrêts l'aient permis. (Voyez un

arrêt de la Cour de Rennes du 16 décembre 1836, *Journal du palais*, 1837, II-320; Dalloz, *Recueil pério-
dique*, 1837, II-96.)

Ce que nous venons de dire se rapporte exclusivement
aux cas où le ministère public exerce une action qui lui
appartient et dont il est maître, c'est-à-dire au cas où
il est la véritable partie en cause. Lorsqu'il représente
des tiers comme le domaine, les proviseurs de lycée, les
intéressés de l'article 200 Code civil, etc., ce sont ces
tiers qui constituent les véritables parties; c'est donc
à eux seulement ou par eux que le serment pourrait être
déféré, et ce sont eux qui devraient le prêter (art. 121
Pr. civ.). Le ministère public n'a donc plus rien à y voir,
et il faudra examiner la situation spéciale de ces parties
pour déterminer si elle comporte l'admission du serment
décisoire ou si elle est inconciliable avec lui.

XII c. — Arrivons maintenant au serment supplétoire, c'est-à-dire déféré d'office par le juge (voy. art. 1366
C. civ.), et remarquons de suite, pour n'y plus revenir,
que, dans les cas dont nous parlions à l'instant, où le ministère public représente certains tiers, ce seraient ces
tiers seulement qui pourraient avoir qualité pour le
prêter; par suite, c'est à leur égard et non à l'égard du
ministère public qu'il faut examiner s'il est admissible
ou s'il ne l'est pas.

En nous restreignant aux actions où le ministère public est véritablement partie, que devons-nous décider?
Il semble d'abord qu'une raison péremptoire s'oppose à
ce que le serment soit déféré d'office au procureur de

la République, c'est que les juges n'ont jamais le droit
de lui adresser aucune injonction directe ou indirecte,
et que le jugement qui lui *ordonnerait* de prêter un
serment paraît bien avoir ce caractère. Cependant cette
raison n'est pas décisive, car le principe de l'indépendance du ministère public vis-à-vis de la magistrature
n'empêche pas que le tribunal ne puisse prendre quelquefois des mesures qui ont pour résultat de le contraindre à faire certains actes. Ainsi, lorsque le tribunal
ordonne d'office qu'une cause soit communiquée au ministère public (voy. art. 83 *in fine* Pr. civ.), celui-ci est
bien obligé d'en prendre connaissance et de donner ses
conclusions, si brièvement que ce soit.

Qu'on ne dise pas non plus que déférer le serment au
ministère public, c'est faire un acte de défiance blessant
pour lui, puisqu'il implique que le tribunal n'est pas
convaincu par sa seule affirmation. Il serait en effet
trop facile de répondre que c'est là, au contraire, une
preuve de confiance, et que, d'ailleurs, si le tribunal
n'avait pas le droit de suspecter les affirmations du ministère public, il devrait alors être obligé de lui donner
gain de cause sans entendre aucune plaidoierie. Pourquoi le procureur de la République serait-il plus susceptible que tout le monde? Le tribunal ne peut-il pas déférer le serment d'office aux plus grands personnages,
même à des magistrats plaidant sur leurs intérêts civils,
bien qu'ils siégent peut-être dans une juridiction supérieure à la sienne? Que pourrait-on voir là de choquant lorsqu'on songe aux circonstances dans lesquelles

le serment supplétoire est déféré (voy. art. 1367 C. civ.), à savoir, que la prétention n'est pas pleinement justifiée, et que cependant elle n'est pas totalement dénuée de preuves?

Mais, à côté de ces motifs, il en est un plus puissant que nous avons invoqué déjà tout à l'heure : le procureur de la République n'a pas qualité pour disposer des droits dont l'exercice seul lui est confié. Or, bien que le serment supplétoire ne constitue pas une transaction comme le serment décisoire, il n'en est pas moins vrai qu'il pourrait gravement compromettre les droits du ministère public, soit quand on le prêterait, soit quand on refuserait de le prêter.

Puis, quoique les articles 1366 à 1369 Code civil, relatifs au serment supplétoire, ne disent pas, comme l'article 1359 pour le serment décisoire, qu'il ne peut être déféré que sur un fait personnel à la partie qui doit le prêter, il n'en résulte pas que le législateur ait entendu soumettre ces deux hypothèses à des règles différentes, ainsi qu'on a voulu le soutenir. L'article 1359 paraît bien avoir une portée générale et s'étendre également au serment décisoire, quoiqu'on n'ait pas cru nécessaire de le reproduire dans le paragraphe qui en traite spécialement. Quelle serait, d'ailleurs, la raison qui justifierait une différence à cet égard entre le serment décisoire et le serment supplétoire? L'obligation imposée à une partie de jurer sur des faits qui ne lui sont pas personnels ne serait-elle pas tout aussi injuste lorsqu'elle émane du tribunal que lorsqu'elle résulte du fait d'un adversaire? Ne peut-on pas remarquer, au contraire, que l'obligation est plus étroite encore, — et, par suite, plus vexatoire, — dans le premier cas, puisque alors le serment ne peut jamais être référé à l'autre partie (voy. art. 1368 C. civ.), tandis qu'il peut l'être d'ordinaire (voy. art. 1361 et 1362 C. civ.) dans la seconde hypothèse?

Si le législateur n'a pas reproduit pour le serment supplétoire le principe de l'article 1359, c'est qu'il indiquait seulement, en traitant de cette seconde espèce de serment, les règles dérivant de sa nature propre ou contredisant celles qui venaient d'être données pour le serment décisoire; quant aux règles générales applicables aux deux espèces de serment, il n'avait qu'à se référer implicitement dans le deuxième paragraphe à ce que contenait déjà le premier, et l'on en conclurait à tort qu'il avait voulu les restreindre au serment décisoire (voy. Toullier, *Droit civil*, t. X, n° 421. — *Contra*, Marcadé, *Explication du Code Napoléon*, t. V, sur l'article 1366, n° 2. — Arrêts de la Cour de Caen, du 3 août 1831, et de la Cour de cassation, chambre des requêtes, du 8 décembre 1832; Sirey, Devilleneuve et Carette, 1833, I-113. — Comp. Arrêt de rejet de la Cour de cassation, section civile, du 9 vendémiaire an XIV; Dalloz, *Rép. alphab.*, v° Obligations, n° 5347). Ne devait-il pas, d'ailleurs, supposer que les juges se garderaient bien de mettre une partie dans l'alternative de perdre son procès ou d'affirmer sous serment des faits qui ne lui étaient pas personnels?

Un pareil serment se ramènerait à peu près à ceci : la partie jure qu'elle n'est pas de mauvaise foi dans sa prétention. Ce serait donc quelque chose d'analogue à l'affirmation solennelle de leurs droits que la procédure romaine des premiers âges imposait aux plaideurs avant de laisser l'instance s'engager. Il n'y a là qu'une pure formalité, sans importance sérieuse et qui manquerait presque de dignité dans l'état actuel de nos mœurs. En même temps le caractère vague de sa signification et de sa portée répugne à la précision exigée aujourd'hui des moyens de preuve, et paraît peu conforme à l'esprit de l'article 120 Procédure civile qui dit : « Tout jugement « qui ordonnera un serment *énoncera* LES FAITS *sur les-quels il sera reçu.* » Mais dans tous les cas, en admettant que le serment puisse être déféré d'office sur des faits qui ne sont pas personnels, au moins faut-il que ces faits soient parvenus à la connaissance personnelle de la partie sommée de les affirmer sous serment. Or, c'est ce qui ne peut guère arriver pour le ministère public, puisqu'en général il n'a pas eu de rapports avec les parties avant d'exercer l'action.

Enfin n'oublions pas, comme nous l'avons rappelé plusieurs fois déjà, que la véritable partie en cause, c'est un être moral, le ministère public, dont le procureur de la République n'est que le représentant. Or, le ser-ment ne peut être prêté que par la partie en instance : *alium non posse jurare quam eum qui litem suo nomine contestatus est,* disait déjà Papinien, approuvé par Ulpien (voy. loi 7 *de in litem jurando,* titre III, livre XII, au

Digeste ; rapprochez la loi 4 du même titre) ; et ce principe n'est pas moins rigoureux aujourd'hui : « Le serment sera fait par la partie en personne..., » porte
l'article 121 Procédure civile. Il ne pourrait l'être par un
individu figurant dans l'instance sans être partie, par
exemple le mari autorisant sa femme à plaider (voy. un
arrêt de la Cour d'Angers, du 28 janvier 1825).

Il est bien clair qu'en écrivant ceci, le législateur ne
songeait point au cas d'un être moral qui ne peut agir
que par représentant. Si une semblable partie se trouvait dans l'obligation de prêter un serment, il faudrait
bien lui appliquer par analogie les dispositions prises par
l'article 336 Procédure civile pour l'interrogatoire sur
faits et articles, de telle sorte que le serment serait prêté
par un mandataire spécial, dans des termes indiqués.
Mais nous avons reconnu déjà (ci-dessus p. 126) l'impossibilité de suivre une telle marche pour le ministère
public, et, comme le serment prêté par le procureur
de la République ne saurait détruire les droits du corps
qu'il représente, ni enchaîner les attributions de ses autres
membres, à défaut d'autre raison nous serions con-
duits, par une impossibilité d'exécution pratique, à re-
pousser toute délation de serment faite d'office du ministère public.

Quant à l'imposer au procureur de la République
personnellement, ce serait en oublier complétement la
nature et méconnaître le rôle de chacun, puisque
ce magistrat n'est que le représentant de la partie
et n'a pas reçu la mission spéciale nécessaire pour faire

un tel acte. Que ferait-on, d'ailleurs, si le procureur
de la République avait introduit l'action sur l'ordre du
procureur général et la désapprouvait? C'est là une circonstance qui peut très-bien, ou plutôt qui doit rester
ignorée du tribunal. Cependant il n'est pas possible de
forcer le procureur de la République à prêter un serment contraire à sa conscience; son substitut, s'il partage sa manière de voir, ne doit pas davantage être
soumis à une pareille contrainte; enfin le procureur
général ne peut venir lui-même prêter le serment devant
un tribunal auquel il n'est pas attaché. Les difficultés qui
naissent de toutes parts montrent bien qu'on ferait fausse
route.

XII *d*. — Reste à considérer un dernier côté de la
question. Le tribunal pourrait-il déférer le serment supplétoire à l'adversaire du ministère public.

Ici presque toutes les raisons que nous avons données
plus haut cessent de porter. Du côté de la partie qui doit
prêter le serment, — et que nous supposons capable,
bien entendu, — aucune difficulté ne s'élève. Quant au
ministère public, quel droit aurait-il, — abstraction
faite de l'objet du litige auquel nous allons arriver, —
pour se plaindre de l'emploi d'un moyen d'instruction
qui est légal en lui-même et qui ne peut le froisser dans
sa dignité, puisqu'il n'est pas forcé d'y concourir? Mais,
si nous considérons l'objet du litige, le point de vue sera
bien différent.

En effet, lorsque le ministère public est partie principale, c'est presque toujours parce que l'ordre public est

intéressé, et la décision d'un point d'ordre public ne peut pas être remis à la décision d'un particulier, ce qui arriverait par la délation du serment.

On excepte généralement des cas où le serment décisoire peut être déféré, ceux où il aurait pour but de combattre une présomption *juris et de jure* (voy. Marcadé, *Explication du Code Napoléon*, tome V, sur l'article 1352, n° II *in fine*, et sur l'article 1360, n° I), et la raison qu'on en donne, c'est qu'une présomption de ce genre est fondée sur l'ordre public. Il faut donc comprendre dans l'exception tout ce qui intéresse l'ordre public, et il est clair qu'il faut l'appliquer aussi bien au serment supplétoire qu'au serment décisoire, car, à ce point de vue, la situation est la même.

Quelles sont d'ailleurs les conditions auxquelles le tribunal a le droit de déférer le serment d'office? L'article 1367 Code civil, les indique en termes exprès.

Il faut d'abord que la demande ne soit pas pleinement justifiée, car alors le tribunal doit l'adjuger purement et simplement. Il faut ensuite qu'elle ne soit pas totalement dénuée de preuves, auquel cas il devrait la rejeter sans plus tarder. Le serment supplétoire est donc exclusivement réservé pour les circonstances douteuses, où le tribunal ne sait de quel côté pencher, et où il est cependant nécessaire qu'il prenne une décision dans un sens ou dans l'autre.

Mais telle n'est jamais la situation lorsque le ministère public est partie principale et représente la société. De deux choses l'une, en effet : ou le ministère public dé-

montre pleinement son droit d'agir et l'infraction à
l'ordre public qu'il veut effacer, et alors il doit triompher
de suite sans que le tribunal puisse recourir au serment
supplétoire ; ou bien l'infraction à l'ordre public n'est
point pleinement démontrée ; mais alors on ne se
trouve pas dans un cas douteux où, les raisons de décider faisant défaut, il faille y *suppléer* par un serment.
Tant que l'infraction à l'ordre public n'est pas clairement établie, le droit d'agir du ministère public
n'existe point, car on reste sous le principe de la liberté
des conventions et de la liberté des faits non défendus,
qui en sa qualité de principe a toujours pour lui la présomption jusqu'à preuve contraire. S'il s'agit de l'existence des faits matériels plutôt que de leur caractère, on
peut invoquer, avec une efficacité tout aussi grande, le
principe que les faits coupables ne se supposent jamais.

Puis, quand on examine attentivement les articles 1366 à 1369 C. civ. qui traitent du serment déféré d'office, on se convainc bientôt que le rédacteur de
ces articles avait exclusivement en vue des litiges de nature
pécuniaire, car l'article 1366 nous dit tout de suite que
ce serment peut avoir pour but de déterminer le *montant
de la condamnation*, l'article 1369 nous parle de la *valeur de la chose demandée ;* enfin, les conditions indiquées
par l'article 1367 ne paraissent pouvoir se référer qu'à
des conventions obscures, à des engagements contestés
en totalité ou en partie, à des obligations interprétées par
chaque plaideur d'une manière différente. Or, tout cela
ne peut guère se présenter dans les instances où le mi-

nistère public est partie principale et représente la société, d'autant plus que le caractère exclusivement pécuniaire d'un litige se concilie fort rarement avec le droit d'action du ministère public (voy. tome Ier, p. 581).

Mais lorsque le ministère public n'est plus partie au procès que comme représentant de certains tiers, la nature des litiges sera bien différente et elle admettra souvent le serment supplétoire. C'est ce qui arrivera dans le plus grand nombre des cas, lorsque le ministère public représente le Domaine, des fabriques d'églises, des proviseurs de lycées. Par contre, il ne semble pas admissible lorsque le procureur de la République représente les intéressés de l'art. 200 C. civ.

Nous supposons toujours, bien entendu, que le serment est déféré à l'adversaire de la partie représentée par le ministère public. Quant à cette partie elle-même, ainsi qu'on l'a déjà dit plus haut (p. 124), il pourrait se faire que sa position spéciale ne permît pas de lui déférer le serment. Telle semble être, par exemple, la situation du Domaine. Dans le cas de l'article 2145 C. civ., le serment supplétoire serait également impossible puisqu'il ne s'agit que des intérêts de la femme, et que cependant, comme elle ne figure point au procès, à défaut d'autre raison, elle n'aurait jamais qualité pour prêter serment.

§ V. — Du Défaut.

Il y a deux genres de défaut, le défaut faute de comparaître ou défaut contre partie, et le défaut faute de conclure ou défaut contre avoué (art. 149 Pr. civ.). L'un

et l'autre conduisent également à ce résultat que le défaillant peut être condamné sans avoir été entendu
(art. 150 Pr. civ.). Mais il jouit, pendant un certain délai
variable suivant l'espèce de défaut où il se trouve (art. 157
et 158 Pr. civ.), du droit de faire tomber le jugement par
une opposition.

En ce qui concerne l'adversaire du ministère public
nous n'avons rien de particulier à dire : les règles ordinaires lui sont applicables. Mais le sont-elles également
au ministère public et pourra-t-on prononcer contre lui,
soit le défaut de comparaître, soit le défaut de conclure?
C'est ce que nous allons voir en examinant l'un après
l'autre ces deux espèces de défaut.

A. — Défaut faute de comparaître.

I. — Le défaut faute de comparaître semble d'abord
absolument impossible, et c'est en effet ce qu'on décide
universellement. Le ministère public fait partie intégrante et nécessaire des tribunaux; si aucun officier du
ministère public n'est présent à l'audience lors de son
ouverture, le tribunal ne se trouve donc point régulièrement composé; il est incomplet et ne peut procéder
qu'en remplaçant l'officier du ministère public empêché
par l'un des juges ou suppléants, ou même, en cas de
besoin, par un avocat ou un avoué (voy. ci-dessus, p. 31
et suiv.). Mais avant de prendre cette mesure, surtout
s'il s'agit d'un cas où le procureur de la République est
partie principale, le tribunal devra s'assurer qu'il ne
s'agit pas d'un simple retard accidentel d'une durée in-

signifiante. Dans ce but, il fera bien de l'attendre quelque temps ou de le faire prévenir que l'audience est ouverte et qu'il n'y manque plus que sa présence (arrêt de la Cour de cassation du 17 décembre 1808).

Dans tous les cas, le ministère public finira donc toujours par être représenté à l'audience. Comment dès lors pourrait-on prononcer contre lui un défaut faute de comparaître puisqu'il se trouve à l'audience?

Ce raisonnement est sans doute fort spécieux; mais ce n'est pas à dire qu'il soit décisif ni qu'on ne puisse le réfuter. Pourquoi une partie est-elle condamné par défaut faute de comparaître? Est-ce précisément pour n'être pas venue à l'audience? Pas tout à fait, car il se pourrait qu'elle y fût venue. Il est arrivé plus d'une fois que des personnes peu nanties de connaissances juridiques se sont présentées elles-mêmes devant le tribunal et se sont entendu avec étonnement condamner par lui, malgré leurs protestations, comme n'ayant pas comparu. La vraie raison du défaut faute de comparaître c'est que la partie défaillante a refusé le débat contradictoire, en ne faisant pas la constitution d'avoué qui seule le rend légalement possible, et comme le tribunal est tenu de prononcer sur le litige sous peine de déni de justice, il est bien forcé de juger par défaut un homme qui ne veut pas l'être contradictoirement. Ce qui donne lieu au défaut faute de comparaître, c'est donc l'absence de l'acte de constitution d'avoué, comme l'exprime très-clairement du reste l'article 149 Pr. civ. : « Si le défendeur ne constitue pas avoué..... il sera donné défaut.

II. — Mais, dira-t-on, ce texte ne peut pas s'appliquer au ministère public, puisqu'il est dispensé de constituer avoué. — Il en est dispensé, soit ; mais cette dispense est une simple faculté qui lui est offerte et dont il est libre de ne pas profiter (voy. ci-dessus page 58); il faut qu'on sache s'il veut en user ou s'il y renonce. Puis s'il est dispensé de constituer avoué, il n'est pas dispensé d'accepter le débat contradictoire, car le débat ne devient réellement contradictoire que s'il l'accepte comme tel ; et c'est pour cela que nous avons maintenu dans tous les cas l'utilité de l'acte prescrit par l'article 75 Pr. civ., alors même qu'il ne contient plus de constitution d'avoué (voy. ci-dessus page 61). Si l'on admet avec nous que cet acte est toujours obligatoire, il faudra bien faire dériver de son inaccomplissement ses conséquences ordinaires, c'est-à-dire le prononcé du défaut faute de comparaître, qui s'appellerait plus exactement défaut faute d'avoir accepté le débat contradictoire.

On pourrait insister en disant que si la partie qui se présente elle-même à l'audience du tribunal civil se voit condamner par défaut, c'est qu'une fiction légale n'admet sa présence au procès que dans la personne d'un avoué. Or le ministère public n'est pas soumis aux conséquences de cette fiction, il peut se passer d'avoué, et par conséquent, lorsqu'il assiste à l'audience, il y figure d'une manière tout aussi complète, tout aussi valable, que le ferait une partie représentée par son avoué.

Je pourrais objecter d'abord que les effets de la fiction

subsistent toujours pour le ministère public comme pour les parties privées, tant qu'il n'a pas déclaré vouloir user du privilége qui lui est offert facultativement, et précisément, il ne peut le déclarer d'une manière régulière qu'en accomplissant l'acte prescrit par l'article 75 Pr. civ. Mais il y a une réponse plus radicale.

Qu'importe, en effet, que le ministère public soit présent à l'audience physiquement, et même légalement, s'il ne veut pas accepter le débat contradictoire? Ne sommes-nous pas dans les limites de la définition que nous venons de donner du défaut faute de comparaître? N'avons-nous pas affaire à une partie qu'on est obligé de juger par défaut, parce qu'elle ne veut pas être jugée autrement? En matière correctionnelle, en matière commerciale, devant la juridiction des juges de paix, le législateur n'a pas établi la même fiction qu'en matière civile ; les parties n'ont pas besoin pour comparaître légalement de l'assistance d'un avoué (art. 9 et 414 Pr. civ., et 185 Instr. crim.), elles se trouvent *de plano* dans la situation où le ministère public peut se mettre, quand il le veut, en matière civile. Cela empêche-t-il qu'on ne puisse les condamner par défaut faute de comparaître, lorsqu'elles sont présentes à l'audience (1). Ne voyons-

(1) C'est bien là un défaut faute de comparaître. Pour les matières commerciales, l'assimilation, quant au délai de l'opposition, n'était pas complète d'après les articles 436 et 438 Pr. civ.; mais elle a été complétée par l'article 643 du Code de commerce. En matière correctionnelle, il est vrai que l'article 187 Instr. crim., accorde seulement un délai de cinq jours pour faire opposition ; cela vient de ce que le droit d'opposition y a été organisé d'une manière beaucoup plus restrictive, parce qu'on sentait le besoin de se prémunir contre l'abus des moyens dilatoires. Du reste, le troisième alinéa ajouté à la fin de

nous pas bien souvent des prévenus venir déclarer qu'ils
veulent faire défaut, et le tribunal consacrer leur prétention alors même qu'ils sont détenus et qu'il serait, par
conséquent, très-facile de les maintenir de force à l'audience pendant tout le cours des débats (1)? L'article 10
de la dernière loi sur la presse du 11 mai 1868 ne prend-
il pas soin de déclarer, pour rendre la procédure plus
expéditive, que, par exception, et dans les cas qu'elle ré-

l'article 187 Instr. crim. par la loi du 27 juin 1866, s'inspire évidemment des
articles 158 et 159 Pr. civ., qui règlent les délais d'opposition sur défaut faute
de comparaître en matière civile. Enfin, si, dans la juridiction des juges de paix,
le délai d'opposition n'est en principe que de trois jours (art. 20 Pr. civ.), ce
délai peut être augmenté par le juge (art. 21 Pr. civ.), et le jugement doit
être signifié par un huissier *commis* (art. 20 Pr. civ.) comme ceux des tribunaux de commerce (art. 435 Pr. civ.), formalité exigée par le législateur en
cas de défaut faute de comparaître, mais non en cas de défaut faute de conclure.
(Comp., art. 156 et 157 Pr. civ.)

(1) « Attendu, dit un arrêt de la Cour de cassation, chambre criminelle, du
13 août 1859, affaire Poitevin (Dalloz, *Rec. pér.*, 1859, I-475), attendu qu'aux
termes de l'article 186 Inst. crim. si le prévenu ne comparaît pas, il sera jugé
par défaut ; que ces mots ne doivent pas être pris dans leur sens littéral et
rigoureux ; que la présence du prévenu à l'audience n'est pas tout ; que, lors
même qu'il est placé sous mandat de dépôt ou d'arrêt, *s'il refuse d'engager
le débat et déclare vouloir faire défaut, s'il ne présente ni défenses ni conclusions*, il est légalement réputé n'avoir pas comparu. » Rapprochez d'autres
arrêts de la même Chambre des 12 décembre 1834, affaire Lebon (Dalloz,
Rec. pér., 1835, I-72; *Journ. du Pal.*, t. XXVI, p. 1127) et 11 novembre 1841
(*Bull. crim.*, n° 316); Faustin Hélie, *Traité de l'instruction criminelle*,
2ᵉ édit., t. VI, p. 697, nᵒˢ 2955 à 2959; Dalloz, *Répert. alphab.*, vᵒ Jugement par défaut, nᵒˢ 452 et 453 ; Morin, *Répertoire criminel*, vᵒ Comparution,
n° 8, et *Journal de droit criminel*, 1867, p. 96.

Le prévenu peut même, tout en débattant certains points, comme un exception ou une demande de remise, déclarer qu'il ne veut pas débattre les
autres et il se réserve le droit de n'être condamné sur ceux-ci que par défaut
(arrêts de la Cour de cassation, chambre criminelle, des 13 mars 1824, 13 mars
1835, 23 février 1837, 28 novembre 1851). Il en est de même en matière
civile. C'est en effet un véritable droit que la faculté de faire défaut, et elle est
une des garanties de la liberté de la défense, parce qu'elle peut suppléer à une
remise que le tribunal a le droit de refuser. (Voy. ci-dessus, p. 61 et suiv.)

git, « le prévenu qui a comparu..... ne peut plus faire défaut (1) » ? « Ce n'est pas... la comparution qui fait le jugement contradictoire, dit très-justement M. Faustin Hélie (*Instr. crim.*, 2ᵉ édit., t. VI, p. 395, n° 2709), c'est la contradiction de la défense avec la prévention. »

On voit donc bien que, même en mettant à part ce qui touche à la constitution d'avoué, la présence réelle des parties n'est pas un obstacle absolu au défaut faute de comparaître : c'est à leur volonté qu'il faut s'attacher de préférence, et cette volonté, en matière civile, c'est par l'acte de l'article 75 Pr. civ. qu'elle doit se manifester.

III. — Qu'arrivera-t-il, d'ailleurs, lorsque les délais seront expirés? L'adversaire du ministère public qui n'a reçu aucune réponse à son assignation, sera bien obligé d'aller à l'audience, et là, se présente forcément l'application de l'article 150 Pr. civ. ; « le défaut sera prononcé à l'audience sur l'appel de la cause ».

A l'audience, nous dit-on, le ministère public est représenté, et par suite, les deux parties sont en présence. — Mais est-il temps encore pour le défaillant de faire acte de présence au procès? La combinaison des articles 75, 149 et 150 Pr. civ. paraît bien montrer le contraire, car le délai de la constitution est expiré, et le droit du demandeur à obtenir tout de suite un jugement de défaut paraît acquis. J'admets cependant que, grâce à une interprétation favorable, on se contente en ce moment encore d'une constitution verbale à l'audience, réitérée

(1) L'article 25 *in fine* de la loi du 9 septembre 1835 contenait déjà une disposition analogue.

par acte conforme dans la journée, par analogie de ce
que décide l'article 76 Pr. civ. pour le cas d'une citation à bref délai. C'est ce qui a lieu en effet dans la pratique ; il est même d'usage, à Paris au moins, de considérer le défaut comme prononcé seulement hors
l'audience, de telle sorte que le défaillant puisse le purger,
même après l'audience, en chargeant un avoué de se
constituer pour le représenter : ce qui se fait par la remise au greffier de conclusions tendant à ce qu'il soit
donné acte de cette constitution. (Voy. Dalloz, *Répert.
alphab.*, v° Instruction civile, n° 32 *in fine.*)

Du reste, lorsque le défaut a été prononcé dès le commencement de l'audience, l'article 5, titre **XIV**, de l'ordonnance d'avril 1667, permettait de le faire *rabattre*
avant la fin de l'audience, disposition toute d'équité em-
pruntée à un rescrit de Marc-Aurèle rapporté dans la
loi 7 au Digeste, *De in integrum restitutionibus*, liv. **IV**,
tit. Ier. On a contesté que ce tempérament fût encore
applicable, en se fondant sur ce que l'article 1041
Pr. civ. abroge expressément les « lois, coutumes,
usages et règlements » antérieurs « relatifs à la procédure civile », et que le jugement une fois prononcé, les
juges, se trouvant dessaisis en principe, ne pourraient
plus le rétracter que par une voie légale comme l'opposition ou la requête civile (Favard de Langlade, *Répertoire*, t. III, p. 166 ; Boncenne, *Théorie de la procédure
civile*, t. III, p. 177). Cependant il paraît qu'il est resté
presque universellement en usage, et sa légalité est consacrée notamment par un arrêt de la Cour de Metz du

13 octobre 1815 (voy. Dalloz, *Répert. alphabét.*, v° Jugement par défaut, n° 172). Cette pratique est approuvée
par Demiau et Carré.

Mais si loin qu'on veuille pousser les concessions, il
faudra toujours bien s'arrêter quelque part. Si loin qu'on
recule le défaut, telles facilités qu'on donne pour l'éviter,
il finira par s'imposer. Que décidera-t-on, par exemple,
si l'organe du ministère public présent à l'audience déclare
qu'il ne veut point accepter le débat, qu'il ne présentera aucune défense, et qu'il fait défaut? Cette déclaration ne peut avoir la vertu d'arrêter net le cours de la
justice : il est donc indispensable de trouver une issue,
et comment y réussira-t-on si l'on ne veut pas laisser
prononcer le défaut faute de comparaître?

Il paraît difficile de juger le ministère public contradictoirement sous prétexte que, malgré sa déclaration,
il n'en est pas moins présent à l'audience, ce qui lui permet de se défendre si bon lui semble. C'est pourtant à
cette conclusion que doivent aboutir en bonne logique les
arguments réfutés plus haut, et certains auteurs ont bien
l'air de l'accepter en déclarant que le ministère public
ne peut pas être condamné par défaut, sans distinguer
entre les différents genres de défauts (Ortolan et Ledeau,
Le ministère public, t. Ier, p. 82; Dalloz, *Rép. alphab.*,
v° Ministère public, n° 98-4° *in fine*, etc.).

IV. — D'autres personnes reculent devant ce résultat,
qui a quelque chose de trop choquant; mais au lieu d'abandonner leur doctrine, elles prennent un biais, et, après
avoir admis que le ministère public ne pourrait pas être

jugé par défaut faute de comparaître, elles décident
qu'il sera jugé par défaut faute de conclure.

Ce moyen terme ne paraît pas conciliable avec les
arguments qui servent de base au système que nous combattons. Ces arguments ont une portée générale; ce n'est
pas à telle ou telle espèce de défaut qu'ils s'attaquent,
c'est à l'essence même de tout défaut. S'ils sont fondés
dans un cas, ils doivent donc l'être aussi dans l'autre.
Si la présence matérielle du ministère public empêche de
prononcer contre lui le défaut faute de comparaître, lors
même qu'il déclare qu'il ne comparaît pas, cette même
présence permettra-t-elle de dire qu'il « ne se présente
pas au jour indiqué pour l'audience », et, par conséquent,
de prononcer le défaut contre avoué, que l'article 149
Pr. civ. définit en ces termes? N'est-ce pas, d'ailleurs, faire violence au langage comme à l'ordre naturel des choses que de parler ici du défaut faute de
conclure? Comment peut-il être question de conclure
dans un débat où l'on n'est pas encore entré, et où l'on
déclare même formellement qu'on ne veut pas entrer?

V. — Puis, il ne suffit pas de dire, après avoir repoussé
le défaut faute de comparaître, que le tribunal prononcera
le défaut faute de conclure. De ce que le premier de ces
défauts était possible, il n'en résulte pas que le second le
soit également, et nous allons voir, au contraire, qu'on
ne se trouve pas ici dans les circonstances où la loi
permet de l'accorder.

Le défaut, faute de conclure, doit être prononcé,
d'après les termes de l'article 149 Pr. civ., « lors-

que l'avoué *constitué* ne se présente pas au jour indiqué pour l'audience ». Quand il s'agit de procédure, il est bon de prendre un texte au pied de la lettre. Celui-ci montre bien qu'il y a déjà eu constitution d'avoué (ou au moins acte équivalent), que la cause a été liée, qu'il y a eu des communications échangées entre les parties, qu'un jour a été *indiqué* pour l'audience, qu'un *avenir* régulier a été signifié à l'avoué. Cette dernière condition est absolument indispensable pour l'existence du défaut faute de conclure (art. 79 Pr. civ.); la jurisprudence a reconnu avec raison que le jugement de défaut serait nul s'il n'avait pas été précédé d'un avenir valablement signifié pour l'audience à laquelle il a été prononcé (arrêts de la Cour d'Agen du 25 mai 1836, Grenier contre Bonafous, et de la Cour de Paris, du 21 avril 1849, Lecomte contre Gentil; Dalloz, *Rép. alph.*, 1849, II-221).

Or, dans le cas où nous sommes, cette condition ne se réaliserait pas, car le demandeur, après l'expiration des délais, doit simplement réclamer le prononcé du défaut en faisant appeler la cause sans autre citation préalable que celle de l'ajournement. A quoi bon, en effet, une nouvelle sommation de comparaître, puisqu'il s'agit toujours de la première comparution, celle que l'ajournement a pour but de provoquer? Un second acte ferait double emploi, et tomberait sous le coup de l'article 82 Pr. civ. qui n'admet en taxe qu'un seul acte par chaque partie pour poursuivre l'audience. D'ailleurs, lors même que le demandeur voudrait signifier un avenir,

comment pourrait-il le faire? Un avenir ne doit s'adresser qu'à un avoué constitué, et le ministère public ne
s'étant pas attribué ce rôle dans l'espèce, n'est encore
qu'une partie. C'est donc sur un ajournement qu'il fait
défaut, non sur un avenir, et le défaut sur un ajournement peut-il être un défaut faute de conclure? N'est-il
pas un défaut faute de comparaître?

VI. — En parcourant, avec le décret du 30 mars 1808,
qui règle la mise en pratique du Code de procédure civile,
les diverses formalités nécessaires, à partir de l'ajournement, pour aboutir à chaque espèce de défaut, on comprend mieux encore l'impossibilité matérielle de prononcer
cer ici le défaut faute de conclure.

Plaçons-nous dans l'hypothèse où l'affaire doit être
portée devant un tribunal composé de plusieurs chambres. Sauf quelques cas spéciaux (art. 56, décret du
30 mars 1808), l'assignation est toujours donnée à la
première chambre, celle où siége habituellement le président (art. 58). L'avoué du demandeur remet au greffe
un placet ou réquisition d'audience contenant l'indication de la cause ; le greffier inscrit alors cette cause sur le
rôle général dont la tenue est prescrite par l'article 55 du
décret précité. Cette formalité doit être accomplie au
plus tard la veille du jour où l'on viendra à l'audience,
c'est-à-dire du jour indiqué dans l'exploit d'ajournement.
A l'ouverture de l'audience de la chambre tenue par le
président, l'huissier audiencier fait successivement l'appel
des causes dont le délai d'assignation est échu, dans
l'ordre de leur placement au rôle général. Si le défen-

deur n'a pas constitué avoué, le défaut est prononcé sur les conclusions de l'avoué du demandeur, conformément à l'article 150 Pr. civ. (art. 59, décr. du 30 mars 1808). C'est le défaut faute de comparaître.

Si, au contraire, la constitution d'avoué a eu lieu de telle sorte que l'instance soit liée et doive se poursuivre, le président distribue l'affaire à une des chambres, qui ne sera pas d'ordinaire celle où l'on se trouve en ce moment (1), et elle est inscrite au rôle particulier de cette chambre (art. 61 et 62, décr. du 30 mars 1808). Là il est dressé des affiches et fait de nouveaux appels des causes (décr. du 30 mars 1808, art. 67 et suiv.). En cas de non-comparution de l'avoué du défendeur, il est donné défaut contre lui sur la demande de l'avoué poursuivant. C'est le défaut faute de conclure. L'article 33 ajoute que « dans toutes les causes, les avoués, avant d'être admis à requérir défaut, remettront au greffier de service à l'audience leurs conclusions motivées et signées d'eux *avec le numéro du rôle d'audience de la chambre* ».

On voit donc que le défaut faute de conclure n'est possible qu'après la distribution de l'affaire par le président à l'une des chambres du tribunal et son inscription

---

(1) D'après l'article 60 du décret du 30 mars 1808, « les affaires qui intéressent *le gouvernement,* les communes et les établissements publics » doivent être « réservées à la chambre où le président siége habituellement ». Mais je ne crois pas que cette disposition s'applique aux affaires où le ministère public est partie principale, à moins qu'il ne représente le domaine ou certains établissements publics comme les fabriques d'église. Du reste, cela ne changerait rien à ce que nous allons dire, car la première chambre a, comme les autres, un rôle particulier, distinct du rôle général, où sont portées les causes qu'elle doit juger.

sur le rôle particulier de cette chambre ; il ne peut être prononcé qu'à l'audience de cette chambre sur l'appel des causes de son rôle, qui doivent être affichées depuis huit jours au moins (art. 67 à 69). A l'appel du rôle général fait à l'ouverture de l'audience de la première chambre, il ne saurait être prononcé d'autre défaut qu'un défaut faute de comparaître.

Or, dans les circonstances où nous supposons l'adversaire du ministère public demandant défaut contre lui, on se trouve certainement à l'audience de la première chambre et à l'appel du rôle général ; il est impossible de supposer que le président ait déjà distribué l'affaire à une chambre chargée de la juger, car il aurait précisément fallu pour cela que le ministère public eût déjà comparu sur l'ajournement à l'appel du rôle général pour accepter le débat contradictoire. La cause n'a donc pas été portée au rôle particulier d'une chambre ; elle n'est pas restée affichée huit jours au moins dans la salle d'audience et au greffe (art. 67), puisqu'il n'est pas fait d'affiche du rôle général. Enfin, l'avoué qui réclame le défaut ne pourra pas déposer avec ses conclusions le numéro du rôle d'audience de la chambre, puisque la cause n'y a pas été portée, et cependant l'article 33 (conf. art. 73) ne lui permet de requérir le défaut faute de conclure qu'après avoir accompli cette formalité. On voit donc que les conditions matérielles du défaut faute de conclure n'existent point.

VII.—D'un autre côté, si le ministère public, profitant de la tolérance consacrée par l'usage (voy. ci-dessus,

p. 148), faisait constituer avoué à l'audience sur l'appel
de la cause, ou se constituait lui-même, n'empêcherait-il
pas ainsi le prononcé du défaut, sans avoir besoin de
déposer immédiatement des conclusions? Or, est-ce un
défaut faute de conclure qu'on pourrait éviter sans déposer de conclusions, par une constitution d'avoué?

Prétendrait-on, pour tourner cet argument, que, malgré la constitution d'avoué, le ministère public doit être
jugé par défaut s'il ne dépose pas, séance tenante, des
conclusions? Mais le défaut du ministère public, de
quelque manière qu'on le qualifie en droit, consisterait
toujours en fait à n'avoir rien répondu à l'ajournement;
il doit donc l'éviter en répondant sous la forme légale.
D'ailleurs, pour engager une procédure contradictoire,
il faut nécessairement commencer par le premier acte
de cette procédure, la constitution d'avoué : c'est seulement à partir de cette constitution que court le délai de
quinzaine pour la signification des défenses (art. 77
Pr. civ.), et l'on ne peut enlever au ministère public le
bénéfice de ce délai de droit commun, d'autant qu'il lui
est peut-être indispensable pour la préparation de ses défenses et de ses conclusions ; son inaction à l'égard
du procès permet de supposer qu'il n'avait pas reçu, en
réalité, l'assignation, et qu'il vient seulement de la
connaître à l'audience. Nous montrerons tout à l'heure
(p. 161) que le ministère public pourrait trouver là un
moyen de traîner abusivement l'affaire en longueur. Il
nous suffit, en ce moment, d'établir qu'il éviterait tout
défaut en accomplissant un acte qui empêche le défaut

faute de comparaître, mais non le défaut faute de conclure. Cela prouve bien que ce dernier défaut ne pouvait
pas être prononcé, et que le premier seul était possible.

VIII. — Passons maintenant aux conséquences des
deux systèmes, et nous y trouverons une nouvelle confir-
mation de notre doctrine.

Si le défaut est prononcé contre le ministère public,
le jugement lui sera signifié ; mais devra-t-il l'être par
un huissier *commis ?* Cette garantie imposée à peine de
nullité (voy. plus loin p. 163), en cas de défaut faute de
comparaître (art. 56, Pr. civ.), n'existe pas en cas de
défaut faute de conclure. Si l'on applique cette dernière
qualification au défaut du ministère public, le jugement
ne lui sera donc pas signifié par un huissier commis, et
cependant les motifs qui ont conduit le législateur à
exiger cette formalité protectrice se rencontrent certainement dans l'espèce.

Ces motifs sont bien connus. La partie défaillante
faute de conclure ne peut ignorer l'instance puisqu'elle
y a déjà participé. Lorsqu'il s'agit, au contraire, du
défaut faute de comparaître, le défendeur n'ayant rien
répondu à l'ajournement, on peut supposer qu'il ne l'a
pas reçu. L'huissier choisi par le demandeur s'est peut-
être entendu avec lui pour *souffler* cet ajournement, et
si la même fraude se renouvelait lors de la signification
du jugement, le défendeur pourrait se trouver condamné
et exécuté sans avoir connu les poursuites dirigées contre
lui. C'est pour éviter ce danger que la loi confie alors la
signification du jugement à un huissier commis, c'est-à-

dire choisi par le tribunal et non plus par le demandeur.

Or la collusion que redoute la loi peut aussi bien se produire lorsque c'est le ministère public qui est défendeur, et, puisqu'il n'a pas encore participé à l'instance, il n'est pas certain que l'ajournement lui soit parvenu. D'un autre côté, c'était peut-être un juge, un suppléant, n avocat, un avoué (voy. ci-dessus, p. 31) qui occupait accidentellement le siége du ministère public à l'audience où le défaut a été prononcé, de telle sorte que si la signification du jugement n'arrivait point au parquet, il pourrait se faire que les officiers du ministère public ignorassent longtemps le procès (voy. art. 80 et 81, décr. du 30 mars 1808).

Cet état de choses présente plus de danger encore ici que dans les circonstances ordinaires. L'exécution d'un jugement rendu contre un particulier se traduit bien vite par des actes qui arrivent forcément à la connaissance du condamné, parce qu'ils s'attaquent à sa personne ou à ses biens. Au contraire, l'exécution des jugements rendus contre le ministère public, ne le touchant pas directement, peut, le plus souvent, s'accomplir sans que le parquet en sache rien; ce sera, par exemple, la rectification d'un acte de l'état civil, la radiation d'une hypothèque dans le cas de l'article 2145 C. Nap., etc.

D'ailleurs, lors même que les actes d'exécution seraient connus du parquet, cette connaissance ne lui parviendrait jamais qu'à une époque où il serait trop tard, dans la doctrine de nos adversaires, pour former opposition. En effet, le jugement ne peut être exécuté que huit jours après la signification (art. 155 Pr. civ.), et, si l'on considère le défaut du ministère public comme un défaut faute de conclure, on ne peut lui permettre de former opposition que justement pendant ces huit jours où l'exécution est impossible (art. 157 Pr. civ.). Nos adversaires suppriment donc la garantie ordinaire de la signification par huissier commis précisément dans des circonstances où cette garantie devient plus nécessaire que jamais, les avantages exceptionnels du soufflement de l'exploit devant augmenter la tentation de le commettre.

Puis le jugement étant qualifié par défaut faute de conclure, celui qui l'a obtenu peut le faire exécuter pendant trente ans, tandis que s'il était par défaut faute de comparaître, il devrait le faire exécuter dans les six mois de son obtention (art. 156 *in fine* Pr. civ.). Cela lui permet d'attendre pour la signification et l'exécution de ce jugement des circonstances où il puisse espérer soustraire l'une et l'autre à l'attention du ministère public, par exemple l'époque des vacances.

Le système de nos adversaires dépouille donc les intérêts que représente le ministère public d'une partie des garanties de droit commun qui les protégeraient contre la fraude. Or, il ne faut pas oublier que ces intérêts ne sont pas toujours les droits de l'État, dont l'esprit individualiste de notre siècle fait assez volontiers bon marché; ce sont souvent des intérêts très-sympathiques à tous les jurisconsultes, par exemple ceux des absents et des femmes mariées (art. 116 et 2145 C. civ.).

Mais, tout en facilitant des fraudes contre le ministère

public, ce système n'est pas favorable aux intérêts légi-
times des parties privées, comme il en a l'air au premier
abord, et il permet au contraire de traîner la procédure
en longueur à leur détriment. C'est ce que nous allons
montrer.

IX. — Les deux systèmes aboutissent également, quoique d'une manière plus ou moins logique, à une condamnation par défaut; mais l'un le qualifie défaut faute
de comparaître, et l'autre défaut faute de conclure. Le
premier semble n'avoir d'autre but que d'accorder au
ministère public un plus long délai pour former opposition, puisque ce délai, au lieu d'être borné à huit jours,
s'étend jusqu'à l'exécution du jugement (art. 157 et 158
Pr. civ.). C'est là sans doute un avantage incontestable,
mais il est injuste : le Ministère public doit bénéficier
du droit commun comme tout le monde. Cet avantage
a d'ailleurs une contre-partie qui constitue pour l'autre
plaideur une large compensation.

La doctrine qui déclare le défaut faute de comparaître
inapplicable au ministère public, le dispense nécessairement de l'acte prescrit par l'article 75 Pr. civ., de
telle sorte qu'il peut impunément rester dans l'inaction
pendant tout le délai de l'ajournement (art. 72 Pr. civ.),
augmenté du délai des défenses (art. 77 Pr. civ.), c'est-
à-dire en somme près d'un mois (voy. ci-dessus, p. 62),
et c'est seulement au bout de ce mois qu'il sera possible
de faire prononcer un jugement par défaut, exécutoire
huit jours après sa signification (art. 155 Pr. civ.). Dans
notre opinion, au contraire, dès que le délai de l'ajour-

nement est écoulé, c'est-à-dire au bout de dix jours, l'adversaire du Ministère public a le droit de réclamer un jugement par défaut. Il est vrai que ce jugement reste exposé un peu plus longtemps au risque d'une opposition; mais, comme la partie peut le faire exécuter huit jours après la signification, il dépend d'elle de fermer promptement ce délai, et il pourra se faire qu'elle ait déjà tout réglé définitivement avant l'époque où l'opinion adverse lui permet de réclamer une condamnation par défaut.

Supposons, par exemple, qu'un mari actionne le procureur de la République pour contredire à sa demande en restriction de l'hypothèque légale de sa femme (art. 2145 C. civ.). Dans notre opinion, si le procureur de la République reste inactif, au bout de dix jours le mari pourra le faire condamner par défaut faute de comparaître, et dix jours après il pourra faire exécuter le jugement en réclamant la radiation de l'inscription de l'hypothèque de sa femme sur les biens que le tribunal en a libérés. Ainsi en vingt jours il aura rendu disponibles une partie de ses immeubles qui lui permettront d'offrir tout de suite un gage sûr à ses créanciers pour se procurer des fonds dont il a peut-être un pressant besoin. Dans l'opinion adverse, au contraire, c'est seulement au bout vingt-cinq jours qu'il pourra obtenir un jugement par défaut, et au bout de trente-cinq qu'il aura le droit de l'exécuter.

Le ministère public a même un moyen fort simple d'allonger encore ce délai : c'est de répondre à l'appel de la cause, et de constituer avoué à l'audience, ou de se constituer lui-même. Nous avons montré tout à l'heure (p. 156) qu'il éviterait ainsi le prononcé du défaut, et il devrait jouir, à partir de ce moment, du délai de quinzaine pour la signification des défenses, puisque ce délai part de la constitution d'avoué (art. 77 Pr. civ.). Il est vrai qu'il a déjà recueilli une première fois le bénéfice de l'article 77 Pr. civ.; car son adversaire n'a poursuivi l'audience que vingt-cinq jours après l'assignation. Mais il est impossible d'échapper ici au texte précis de l'article 77 qui peut, du reste, se justifier même dans l'espèce (voy. ci-dessus, p. 156.). Le premier délai a été consumé en pure perte; c'est une conséquence inévitable de la doctrine qui dispense le ministère public de faire l'acte de l'article 75 Pr. civ. (voy. ci-dessus, p. 62), et s'il en résulte pour lui un véritable privilége, c'est à cette doctrine seule qu'il faut s'en prendre.

Ce nouveau délai de quinzaine nous reporte à quarante jours de l'assignation. C'est alors seulement que l'adversaire du ministère public pourra de nouveau poursuivre l'audience et obtenir un jugement par défaut (cette fois faute de conclure), qui sera exécutoire dix jours plus tard, c'est-à-dire plus de cinquante jours après l'assignation. Nous ne parlons pas des retards plus considérables que le ministère public pourrait occasionner en formant des oppositions ou en demandant des remises, parce que ces inconvénients sont les mêmes dans les deux systèmes. Mais en définitive les conséquences propres de chaque doctrine peuvent se résumer ainsi : le résultat, qu'on atteint dans la nôtre en vingt jours, en exige plus de cinquante dans celle que nous combattons.

X. — Après la longue discussion qu'on vient de lire, il est permis d'affirmer que le ministère public défendeur peut, comme une partie privée, être jugé par défaut faute de comparaître. N'oublions pas d'ailleurs que le prononcé de ce défaut contre lui n'entraîne pas forcément sa condamnation; car le tribunal ne doit adjuger les conclusions de son adversaire, que si elles paraissent justes et bien vérifiées; il peut même, lorsque l'affaire est compliquée, la mettre en délibéré pour prononcer le jugement à l'audience suivante (art. 150 Pr. civ.). Mais ces dispositions protectrices des intérêts du défaillant ne présentent rien de plus étroit ici que dans les cas ordinaires.

Le jugement, étant par défaut faute de comparaître, devra être signifié par un huissier commis (art. 156 Pr. civ.), ainsi qu'on l'a déjà vu plus haut (p. 157). La doctrine et la jurisprudence s'accordent à déclarer nulle la signification qui serait faite par un huissier non commis (voy. Dalloz, *Répert. alphab.*, v° jugement par défaut, n° 234), bien que l'article 156 Pr. civ. ne le dise pas formellement, et que l'article 1030 Pr. civ. défende de suppléer les nullités. Ce dernier texte doit être écarté, parce qu'il s'agit ici non d'une nullité de forme, mais d'une véritable incompétence, dont l'article 156 Pr. civ. frappe tout huissier non commis.

L'exécution devra se faire dans les six mois de la date du jugement (art. 156 *in fine* Pr. civ.), faute de quoi ce jugement serait frappé de déchéance et perdrait le droit d'être obéi. Mais il n'en serait plus de même dans le système de la pratique actuelle qui considère le défaut du ministère public comme un simple défaut de conclure. Le jugement conserverait alors son efficacité pendant trente ans (voy. ci-dessus p. 159), et pourrait encore être exécuté le dernier jour de ce délai, car l'article 156 Pr. civ. parle exclusivement du défaut faute de comparaître, et, en l'absence de disposition spéciale, le droit remis à neuf par la poursuite n'a plus à craindre que la prescription commune, la prescription trentenaire (1).

Cette espèce de péremption exceptionnelle de six mois, introduite par l'article 156 Pr. civ. dans un cas particulier, diffère de la péremption ordinaire de trois ans

(1) La péremption exceptionnelle de six mois n'existait pas sous l'ancien régime ; le jugement obtenu pouvait toujours s'exécuter pendant trente ans, même lorsqu'il était par défaut faute de comparaître. Or, dans ce dernier cas comme dans celui d'un défaut contre avoué, l'ordonnance de 1667 déterminait un terme préfix, — bien inférieur à trente ans, — au delà duquel l'opposition n'était plus admise. Il suffisait donc au demandeur victorieux par défaut d'attendre l'arrivée de ce terme pour exécuter, sans crainte d'opposition, un jugement que le défaillant ne connaissait peut-être pas, car il n'était intervenu à aucun acte du procès, et il était possible qu'il n'eût reçu ni la signification, ni l'ajournement.

L'obligation d'exécuter dans les six mois a pour but d'éviter ce danger. Mais il semble qu'il ne pouvait plus exister en présence des articles 158 et 159 Pr. civ. qui suppriment tout délai fixe et prolongent le droit d'opposition jusqu'au moment où l'exécution ne peut plus être ignorée du défaillant. Aussi, dans la révision de notre code faite à Genève, a-t-on supprimé la fin de l'article 156, qui protège le défendeur contre un péril imaginaire et lui cause en revanche un préjudice certain en obligeant son créancier à précipiter les poursuites et à multiplier les frais pour ne point perdre le bénéfice de son jugement.

Cependant, si les articles 158 et 159 conservent indéfiniment le droit d'opposition, ils ne conserveront pas de même les preuves du défaillant, que celui n'aura pas eu l'idée de réunir avant qu'elles dépérissent s'il ne connaît pas le jugement rendu contre lui. C'est un danger moindre sans doute, mais réel, que l'article 156 *in fine* permet d'écarter.

(art. 397 Pr. civ.) en ce qu'elle s'opère de plein droit comme la prescription et laisse subsister l'effet interruptif de l'ajournement : c'est le jugement seul qui est effacé, tandis que la péremption fait disparaître l'instance tout entière. L'adversaire négligent du ministère public pourra donc intenter de nouveau son action dans les délais de la prescription ordinaire, à partir de l'exploit d'ajournement. Mais, remarquons-le bien, cela ne lui donne pas la position qui lui ferait le système de la pratique ; le point de départ de la prescription est plus avancé, et ce qu'il conserve ce n'est pas le droit d'exécuter le jugement obtenu, c'est simplement la faculté de renouveler le procès.

Les articles 151, 152, 153 Pr. civ. s'appliqueront comme d'ordinaire aux cas où le ministère public partagerait avec une partie privée le rôle de défendeur.

XI. [*Opposition*. — Quant à l'opposition, elle pourra être formée par le ministère public comme par une partie privée dans le délai ordinaire (art. 158 et 159 Pr. civ.), c'est-à-dire jusqu'au moment où le jugement est complétement exécuté, ou au moins réputé exécuté à la suite d'actes qui ont dû arriver à sa connaissance. Mais il ne faudrait pas considérer la présence du procureur de la République, ou d'un membre du ministère public, à l'audience où se produit un des actes de l'exécution, comme une circonstance impliquant qu'il a connaissance de cette exécution, et fermant par suite le délai de l'opposition. Il s'agit là d'une connaissance, réelle sans doute, mais toute personnelle à l'officier qui occupe ce jour-là le siége du ministère public, peut-être même à l'avocat ou l'avoué qui le remplace temporairement (voy. ci-dessus, p. 31 et suiv.). Ce qu'il faut pour satisfaire à la condition indiquée par l'article 159 Pr. civ., c'est une connaissance inhérente à la personne juridique du ministère public, telle qu'elle résulte d'un acte de procédure, et l'on pourra toujours atteindre ce but en notifiant l'exécution par exploit signifié au parquet.

La forme de l'opposition est réglée par l'article 162 Pr. civ., qui s'appliquera comme d'ordinaire, avec cette restriction que plusieurs des circonstances qu'il prévoit ne pourront jamais se réaliser contre le ministère public. Le procureur de la République est soumis à l'obligation, imposée par l'article 163 Pr. civ. à l'avoué de l'opposant, de faire mention sommaire de l'opposition sur le registre *ad hoc* placé au greffe. Si l'acte d'opposition ne contient pas les motifs à l'appui, il devra, sous peine de déchéance, être réitéré dans la huitaine par une requête contenant ces motifs (art. 162-1°). Mais l'absence de constitution d'avoué dans l'acte primitif n'oblige pas à la réitération sous huitaine, puisqu'elle doit être interprétée en ce sens que le procureur de la République se constitue lui-même. Cela ôte presque toute application à la déchance de l'article 162-1°, car il sera bien rare que l'acte d'opposition primitif n'indique pas quelque raison : seulement, si le ministère public faisait signifier une requête après l'expiration de la huitaine, cette requête n'entrait jamais en taxe contre son adversaire, car on ne peut plus la considérer comme la réitération de l'opposition, — elle arriverait trop tard. — Or, l'article 162-3° ne

permet qu'un seul acte pour fournir les moyens d'opposition et tenir lieu des défenses ordinaires de l'article 77
Pr. civ.; c'est la déclaration même d'opposition ou son
complément dans la huitaine quand elle était incomplète.
La huitaine expirée, l'audience peut être poursuivie aussitôt.

L'opposition n'est valable que si elle émane d'un membre du ministère public qui aurait qualité, au moment
même où il la forme, pour intenter l'action ou y défendre
par des actes de procédure. Nous avons déjà examiné
plus haut (pag. 29) quels étaient les officiers compétents
pour intenter l'action : il suffit donc de nous y référer, en
ajoutant toutefois que cette compétence doit être appré-
ciée exclusivement à la date de l'acte d'opposition.

Il pourra donc se faire que l'officier du ministère
public compétent pour défendre à l'action, lors du jugement par défaut, ne le soit plus pour former opposition,
par exemple, si dans l'intervalle il a été révoqué ou
promu à un autre siége, quand même ce siége serait
celui de la Cour d'appel, dans le ressort duquel se
trouve le tribunal. Mais il faut pour cela que son successeur ait prêté serment, — car il doit continuer ses fonctions
jusque-là ; — ou au moins que lui-même ait prêté serment
en sa nouvelle qualité, ce qui l'investit des fonctions qui
en dérivent (voy. ci-dessus, p. 47), — car il ne peut se
trouver nanti à la fois des prérogatives de deux charges
du ministère public. — Par contre, il pourra se faire aussi
que l'officier compétent pour former opposition ait été
dépourvu de toute qualité au moment du jugement par

défaut, ce qui arriverait, par exemple, s'il n'avait prêté serment que depuis cette époque : cette circonstance ne diminuerait nullement ses droits ; le principe de l'indivisibilité du ministère public lui permet d'agir comme s'il eût figuré au procès dès le début, la seule personne véritablement en cause étant toujours le ministère public représenté par divers agents.

L'effet principal et essentiel de l'opposition, c'est de renouveler le débat et de donner lieu à un second jugement qui, cette fois, dessaisit définitivement le tribunal, même lorsqu'il est par défaut (art. 165 Pr. civ. ; voy. plus loin p. 173), — sauf les cas exceptionnels de requête civile et de tierce opposition, — et qui ne peut plus être attaqué que par voie d'appel, pourvu d'ailleurs que l'appel soit possible d'après la nature et l'importance du litige.

Le second effet de l'opposition, moins nécessaire que le premier, c'est d'empêcher ou d'arrêter l'exécution.

En principe, les jugements par défaut ne sont pas exécutoires pendant la huitaine de la signification (art. 155 Pr. civ.), c'est-à-dire précisément pendant la durée du délai de l'opposition, pour un défaut faute de conclure (art. 158 Pr. civ.). Mais, en cas d'urgence, l'exécution provisoire avant l'expiration de ce délai peut être ordonnée par le tribunal, dans les cas prévus par l'article 135 Pr. civ. La circonstance que la partie condamnée par défaut est le ministère public, ne modifie, du reste, en rien les prérogatives du tribunal à cet égard.

Il pourrait même, s'il y avait péril en la demeure, user comme d'ordinaire du droit, que lui confère le second alinéa de l'article 155 Pr. civ., d'ordonner que l'exécution provisoire sera continuée malgré l'opposition formée du défaillant. Mais cela sera très-rare. Les expressions employées par l'article 155-2° montrent que ces mots « péril en la demeure » visent le cas d'un débiteur dont les ressources vont s'évanouir subitement ; cette hypothèse ne peut pas se réaliser dans les instances où le ministère public est partie principale, excepté lorsqu'il représente un absent.

Cependant, ces instances feront quelquefois naître des situations analogues, où il y a encore, dans une certaine mesure, « péril en la demeure ». C'est ce qui arrive, par exemple, lorsque le ministère public défend à la demande en restriction de l'hypothèque légale de la femme (art. 2145 C. civ.), contre un mari que ses créanciers menacent de saisies précipitées s'il ne leur fournit pas immédiatement une hypothèque sur des biens libres. Il en serait encore de même si le procureur de la République, après avoir formé opposition à un mariage dont l'un des futurs contractants est atteint d'une maladie grave, se trouvait défendeur à la demande en main levée de cette opposition. Le retard peut amener la faillite ou l'expropriation du mari ; il peut laisser arriver la mort du futur conjoint avant que le mariage ne soit permis : ce sont là des périls considérables, et bien que le rédacteur de l'article 155-2° n'y ait peut-être pas songé, ils autorisent, je crois, le tribunal à décider que l'oppo-

sition du ministère public n'arrêtera pas l'exécution du
jugement par défaut prononcé contre lui.

Ces mesures provisionnelles, malgré leurs conséquences graves, ne portent aucune atteinte ni aux prérogatives ni à l'indépendance du ministère public, lors
même que l'exécution ordonnée demanderait, dans
une certaine limite, son concours; car le ministère public,
quand il est partie principale, doit être soumis, comme
toute autre partie, aux injonctions des tribunaux, en ce
qui concerne la marche et la solution du procès. (Voy.
ci-dessus, p. 119.)

B. — Défaut faute de conclure.

A la différence du défaut faute de comparaître qui ne
s'applique jamais qu'au défendeur, le défaut faute de
conclure peut tout aussi bien être encouru par le demandeur que par le défendeur. Nous devons donc examiner
successivement la question à ces deux points de vue.

I. — Supposons d'abord que le ministère public est
défendeur.

Quelle est la circonstance qui donne lieu au défaut
faute de conclure contre le défendeur? L'article 149
Pr. civ. la définit en ces termes : «... l'avoué constitué
ne se présente pas au jour indiqué pour l'audience. »
Il est bien évident que, dans notre matière, au lieu des
mots « l'avoué constitué », il faut lire « le représentant
du ministère public », lorsqu'il n'y a pas eu d'avoué con-

stitué et que le procureur de la République en remplit les
fonctions. Ceci va de soi. Mais suffira-t-il qu'un membre
du ministère public assiste à l'audience pour que le
défaut faute de conclure ne soit pas prononcé ? A ce
compte, il ne le serait jamais, car nous avons vu plus
haut (page 143) que l'audience ne pouvait être régulièrement tenue sans le concours d'un organe du ministère
public. Mais, à côté du texte de l'article 149 Pr. civ.,
il faut voir l'esprit qui l'a dicté. Ce qu'exige le législateur,
ce n'est pas seulement la présence matérielle de l'avoué
à l'audience, c'est sa présence quant au procès, c'est-à-
dire ses conclusions, et rien ne s'opposerait à ce que le
défaut soit prononcé malgré la présence de l'avoué, s'il
ne voulait pas répondre à l'appel de la cause. Or, il
pourra très-bien se faire que le ministère public, présent
sur son siége, ne veuille pas répondre à l'appel de la
cause où il figure, et ne dépose aucune conclusion : il se
trouvera donc dans le second cas prévu par l'article 149
Pr. civ., et devra être condamné par défaut faute de
conclure.

Il faut supposer, bien entendu, que le procureur de la
République a déjà fait acte de présence au procès, au moins
en répondant à l'assignation. S'il n'avait pas encore
satisfait à l'exigence de l'article 75 Pr. civ., le défaut
serait bien prononcé contre lui; seulement ce ne serait
plus un défaut faute de conclure, mais un défaut faute
de comparaître, comme nous venons de l'établir (p. 143
et suiv.).

Une fois que les deux parties ont posé contradictoi-

rement leurs conclusions à l'audience, l'affaire est en
état (art. 343), lors même que les plaidoiries seraient
renvoyées à une époque fort éloignée; tout défaut
devient désormais impossible, et le jugement sera nécessairement réputé contradictoire. C'est en vain qu'au
jour fixé par le tribunal, l'organe du ministère public
refuserait de prendre la parole ; cette abstention ne con-
stituerait pas un défaut, et ne donnerait pas au procureur
de la République le droit de former opposition au jugement intervenu. C'est en vain aussi que tous les officiers
du parquet s'entendraient pour ne pas venir à l'audience,
car ils seraient remplacés par un juge, un suppléant, un
avocat ou un avoué, comme on l'a vu plus haut (p. 31),
et le jugement n'en serait pas moins contradictoire tout
aussi bien que s'il avait été rendu en présence du procureur de la République. Mais si le tribunal avait siégé
sans pourvoir, comme il le devait, aux fonctions du
ministère public, ou en les attribuant à une autre personne que celle qui avait qualité pour les exercer dans
l'espèce, l'audience serait irrégulière, et par suite le
jugement entaché d'une nullité radicale.

Le défaut faute de conclure prononcé contre le ministère public, n'a pas nécessairement pour résultat de le
faire condamner ; car nous avons déjà rappelé tout à
l'heure (p. 163), en parlant du défaut faute de comparaître, que le tribunal n'en devait pas moins examiner
la cause, et pouvait même la mettre en délibéré, comme
l'article 150 prenait soin de le dire expressément.

I *bis*. — Le délai imparti au ministère public pour former opposition est de huitaine, conformément aux règles ordinaires (art. 157 Pr. civ.), et il commence à courir du jour de la signification du jugement au parquet du procureur de la République. L'acte d'opposition devra être dressé d'après les prescriptions des articles 160 et 161 Pr. civ., c'est-à-dire dans la forme d'une requête d'avoué à avoué, avec mention des motifs de l'opposition ou renvoi aux défenses déjà signifiées. L'article 163 Pr. civ. sera également applicable, comme dans le cas du défaut faute de comparaître.

En ce qui concerne la qualité nécessaire chez l'officier du ministère public qui forme l'opposition, et les effets de cette opposition relativement à l'exécution du jugement par défaut, il suffit de se reporter à ce nous avons dit tout à l'heure (page 167) pour le défaut faute de comparaître ; car les solutions seraient les mêmes aussi bien que les motifs sur lesquels elles s'appuient.

L'article 165 Pr. civ. s'applique au ministère public comme aux particuliers. En conséquence, il ne pourra pas former opposition à un jugement par défaut qui l'aurait débouté d'une première opposition..

On objectera sans doute que le silence du procureur de la République équivaut à une renonciation, — peut-être collusoire, — et que les droits du ministère public sont inaliénables comme tout ce qui touche à l'ordre public ; les membres du parquet ont qualité pour les exercer mais non pour les éteindre. Cela n'empêche pas que le procureur de la République ou le substitut présent à l'audience, en s'abstenant de soutenir l'opposition

formée agit, — négativement si vous voulez, — dans les
limites de sa compétence. N'est-il pas certain dès lors
que ses actes sont réguliers en la forme quelles que puissent être leurs conséquences au fond? Tant pis pour le
ministère public s'il y a des agents infidèles ou incapables
qui compromettent ses droits : dans les limites où ils le
représentent régulièrement, c'est lui qui est obligé de
supporter les résultats de leurs fautes car il doit s'imputer de les avoir choisis.

Cette dernière raison ne s'applique pas, il est vrai,
aux juges, avocats et avoués que leurs fonctions peuvent
faire appeler accidentellement au siége du ministère
public (voy. ci-dessus page 31) sans avoir été choisis à
cet effet. Leur compétence intérimaire s'arrête aux
limites de l'audience, et nous leur avons, pour ce motif,
refusé (p. 39) le droit d'intenter l'action. Mais il n'en est
pas de même pour la défense d'une opposition formée,
défense qui se développe à l'audience : le représentant
passager du ministère public est donc compétent pour la
produire ou l'omettre. Si cette omission entraîne quelque dommage, il faut l'imputer en définitive à l'absence
et à la négligence des membres réguliers, et choisis, du
ministère public.

Quant aux parties adverses, elles n'ont rien à se reprocher, et dès lors aucune responsabilité à subir justement.
La disposition de l'article 165 Pr. civ. est indispensable
pour les protéger contre des oppositions réitérées qui
n'auraient d'autre but que de traîner la procédure en
longueur. En l'écartant, on fournirait au ministère pu-

blic un moyen bien simple de rendre impossible toute
condamnation efficace contre lui : il n'aurait qu'à faire
indéfiniment défaut, opposition sur son départ, et défaut
sur son opposition jusqu'à ce que l'adversaire se lasse
d'obtenir des jugements qui ne pourraient jamais s'exécuter (voy. ci-dessus p. 168, et art. 155 Pr. civ.). Le tribunal n'aurait même pas la ressource d'ordonner l'exécution malgré l'opposition, car ce droit lui appartient
seulement lorsqu'il y a *péril en la demeure*, c'est-à-dire
dans des cas très-rares, même avec une interprétation un
peu large des termes de l'article 155-2°.

II. *Défaut — congé.* — Nous avons remarqué déjà
(p. 143 et 170) que le demandeur ne serait jamais en
défaut faute de comparaître ; car il n'a pu engager l'instance que par un ajournement contenant sa constitution
d'avoué, et c'est l'absence de cette constitution qui donne
lieu au défaut faute de comparaître. Mais plus tard,
quand l'instance est liée, l'avoué du demandeur peut
omettre de se présenter à l'audience où il est appelé par
un acte de l'avoué du défendeur. Il y a alors défaut
contre avoué ou faute de conclure.

« Le défendeur qui aura constitué avoué, dit l'article 154 Pr. civ., pourra, sans avoir fourni de défenses,
suivre l'audience par un seul acte et prendre défaut contre
le demandeur qui ne comparaîtrait pas. « Cet article
nous montre que la requête de défenses de l'article 77
Pr. civ. est facultative, à la différence de ce qui avait
lieu dans l'ancien droit, où l'ordonnance de 1667 infli-
geait un genre particulier de défaut au défendeur qui ne

l'avait pas signifiée en temps utile (comp. art. 79 Pr.
civ.). Aujourd'hui, il peut renoncer même au délai de
quinzaine de l'article 77 Pr. civ., maintenu seulement
à son profit, et hâter ainsi la solution du procès en obligeant le demandeur à déposer tout de suite ses conclusions ou, s'il ne le fait pas, en demandant défaut
contre lui.

On a vu (p. 163) que le défaut du défendeur n'entraîne pas toujours sa condamnation ; d'après l'article 150 Pr. civ., le tribunal ne doit accorder les conclusions du demandeur que « si elles se trouvent justes
et bien vérifiées ». L'article 154 Pr. civ. ne dit rien de
semblable pour le défaut contre le demandeur, et, en matière commerciale, l'article 434 Pr. civ., comparant ces
deux défauts, déclare d'une manière expresse que « si le
demandeur ne se présente pas, le tribunal... renverra le
défendeur de la demande ». C'est la conséquence logique
de l'article 1315 C. civ. qui met à la charge du demandeur la preuve de son droit ; le tribunal ne doit pas le
suppléer, tandis que, dans le cas inverse, il pouvait très-
bien apprécier ses raisons. Aussi la doctrine et la jurisprudence sont-elles généralement d'accord pour reconnaître que le défaut du demandeur doit toujours entraîner
le renvoi du défendeur des fins de la demande formée
contre lui, et c'est de là qu'est venu le nom de *défaut-
congé*, ordinairement employé pour désigner ce genre
particulier de défaut.

Précisément parce que le tribunal doit toujours repous-
ser la prétention du demandeur, sans examiner si elle est

ou non fondée, il n'y a pas chose jugée sur cette prétention. Le jugement *relaxe* le défendeur, comme on
disait autrefois, il lui donne congé de l'ajournement qui
est effacé avec toutes ses conséquences, par exemple au
point de vue de l'interruption de la prescription. Mais le
droit du demandeur reste ce qu'il était auparavant, et il
peut le faire valoir dans une nouvelle instance. Quant à
la voie de l'opposition, elle lui est refusée comme inutile,
puisque le jugement, ne décidant rien sur le fond, ne lui
porte pas grief ; c'est par une assignation nouvelle qu'il
doit agir (1).

Cette doctrine si logiquement déduite était universellement pratiquée dans l'ancien régime avant l'ordonnance
de 1667. Les expressions équivoques de cette ordonnance
firent naître des controverses qu'a perpétuées le silence du
Code de procédure sur les effets du jugement de défaut-
congé. Aujourd'hui encore, certains jurisconsultes pré-
tendent que ce jugement entraîne chose jugée sur le fond
contre le demandeur, qui ne pourrait plus renouveler
son procès, mais reçoit alors la ressource de l'opposition ; elle doit être faite dans le délai de huitaine de la
signification tel qu'il est réglé par l'article 157 Pr. civ.
pour les parties ayant un avoué. — Ce système nous
paraît heurter la raison, en considérant comme chose
jugée une décision qui s'impose fatalement aux juges,
lors même qu'elle est directement contraire à leur con-

(1) Cependant, si la prescription s'était accomplie pendant la durée du procès, le demandeur aurait un intérêt évident à employer la voie de l'opposition
qui ferait revivre l'effet interruptif de l'ajournement.

viction. Les textes ne lui sont pas beaucoup plus favorables : car le silence de l'art 154 Pr. civ. devient très-significatif par sa comparaison avec l'article 150 Pr. civ. qui mentionne soigneusement le profit du défaut prononcé contre le défendeur. Si l'article 154 n'indique pas le profit du défaut-congé, c'est qu'il n'y en pas.

Il était nécessaire d'établir d'abord les conséquences du défaut-congé, parce que c'est de ces conséquences qu'on peut surtout tirer des arguments pour le déclarer inapplicable au ministère public. Abordons maintenant notre matière.

Quand le demandeur est le ministère public, il ne peut pas être question du cas où il ne serait pas représenté à l'audience, puisque le tribunal n'est pas régulièrement constitué tant que le siége du ministère public reste vacant. Mais nous venons de voir (p. 171), en parlant du défaut contre le défendeur, que la comparution ne consiste pas seulement dans la présence matérielle à l'audience ; elle suppose en outre la réponse à l'appel de la cause. Ici d'ailleurs le ministère public ne peut même pas se borner à une simple réponse ; l'avenir du défendeur lui demande ses conclusions et, s'il ne les fournit pas, il encourt évidemment le défaut faute de conclure.

Il n'y a donc aucune difficulté à concevoir l'hypothèse du défaut-congé applicable au ministère public. Mais on peut soutenir qu'il ne doit pas être prononcé contre lui, parce que l'abstention d'un membre du parquet entraînerait ainsi forcément le renvoi du défendeur : or il est de principe que le ministère public n'est pas maître d'anéantir l'action une fois mise en mouvement (voy. Dalloz, *Rec. pér.*, table de vingt-deux ans, v° Action publique, n° 10 à 13 ; et arrêt de la Chambre criminelle du 10 avril 1856, affaire Dupont).

C'est la doctrine consacrée par la Cour de cassation en matière criminelle (Chambre criminelle, 25 janvier 1850, affaire Waronslaw. Voy. Dalloz, *Rec. pér.*, 1850, V-16). Là, elle ne pouvait faire doute, car, devant les tribunaux de répression, le défaut-congé n'est jamais prononcé, même contre une simple partie civile ; la retraite du plaignant n'empêche pas l'instance de continuer comme d'ordinaire. Certains auteurs ont essayé d'expliquer ce résultat par une substitution du ministère public au plaignant dans le rôle de demandeur, ce qui autoriserait le défaut-congé quand cette substitution n'a pas lieu (1). Mais on peut soutenir qu'elle n'est jamais licite (2). Le vrai motif qui oblige à poursuivre l'affaire, c'est tout simplement que le tribunal, une fois saisi de l'action publique, ne peut jamais se dispenser, quelle que soit la conduite ultérieure de la partie civile et du ministère public, d'examiner les faits de la cause pour condamner ou absoudre le prévenu (3).

Tout autre est la situation en matière civile. Ici, plus d'instance possible quand il n'y a plus de demandeur

---

(1) Bourguignon, *Jurisprudences des cours criminelles*, t. I, p. 391.

(2) Faustin Hélie, *Traité de l'instruction criminelle*, 2° édition, t. V, p. 397, n° 2711.

(3) Cour de Cassation, chambre criminelle, 4 novembre 1844 (*Bulletin*, n° 274) et 20 avril 1859, affaire Mitton (Dalloz, *Rec. pér.*, 1859, V-8). — Dans l'affaire Waronslaw, citée au texte, la Cour de cassation ne pouvait hési-

pour la faire valoir. C'est ce que constate le jugement de défaut-congé. Comment le ministère public échapperait-il à cette nécessité ?

On ne prétendra point sans doute qu'il doit être jugé contradictoirement, sous prétexte qu'il assiste à l'audience ? — Ce système — en admettant qu'il soit raisonnable (voy. ci-dessus 150) — n'imposerait plus, il est vrai, au tribunal l'obligation de donner tort au ministère public. Mais celui-ci n'y gagnerait rien; car, n'exposant pas les arguments de sa cause, il serait probablement condamné tout de même, et cette fois par un jugement ayant force de chose jugée pour détruire son droit.

Voudrait-on, au contraire, qu'il lui suffise de ne pas déposer de conclusions pour obliger le tribunal à remettre l'affaire ? — Ce serait lui accorder l'étrange privilége de reculer indéfiniment, à son bon plaisir, la solution du procès qu'il a lui-même engagé. Il y aurait là un véritable déni de justice. Le défendeur a le droit d'obtenir des juges ou sa libération de l'instance. De ces deux issues, le défaut-congé lui ouvre celle qui est la moins défavorable à son adversaire négligent : il le libère de l'instance en laissant intacts les droits du ministère public. On ne peut donc pas prétendre qu'il fournit aux officiers du parquet un moyen indirect d'anéantir l'action, puisqu'elle

---

ter à casser, puisque le tribunal de police, non content de donner défaut contre le ministère public, avait siégé sans le remplacer : circonstance qui, à elle seule, frappait de nullité radicale tout ce qui s'était fait à l'audience, y compris le prononcé du jugement (V. Dalloz, *Rec. pér.* table de vingt-deux ans, v° Jugement, n°s 220 et 221). Mais les considérants sont peut-être trop généraux.

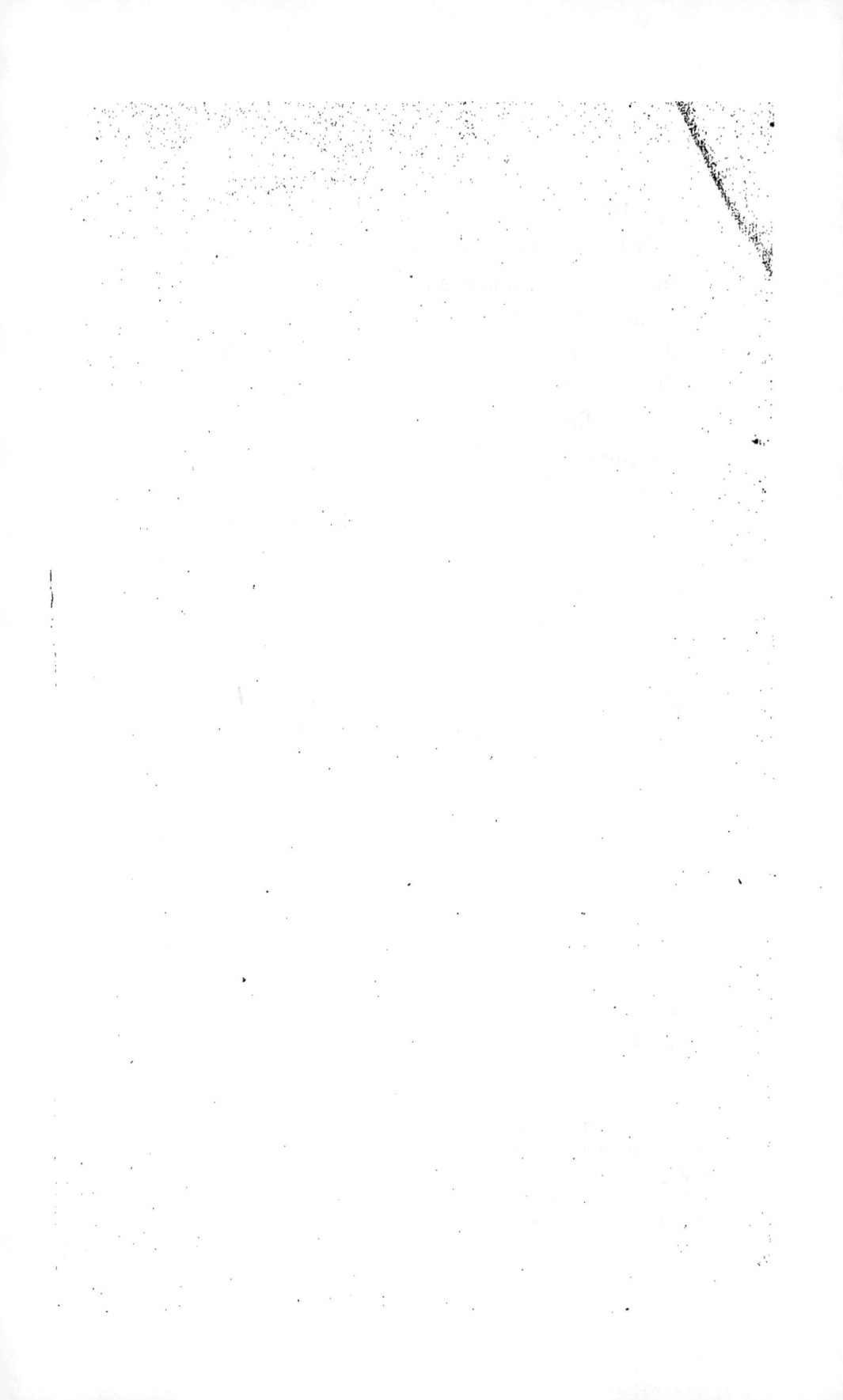

LIBRAIRIE GERMER BAILLIÈRE

REVUE	REVUE
POLITIQUE ET LITTÉRAIRE	SCIENTIFIQUE
(Revue des cours littéraires, 2ᵉ série)	(Revue des cours scientifiques, 2ᵉ série)

Directeurs : MM. Eug. YUNG et Ém. ALGLAVE

Première année, commençant le 1ᵉʳ juillet 1871

Prix d'abonnement :

Une seule revue séparément :	Six mois.	Un an.	Les deux revues ensemble :	Six mois.	Un an.
Paris	12 fr.	20 fr.	Paris	20 fr.	36 fr.
Départements	15	25	Départements	25	42
Étranger	18	30	Étranger	30	50

ALGLAVE (Émile). DE L'ORGANISATION DES JURIDICTIONS CIVILES CHEZ LES ROMAINS JUSQU'A L'INTRODUCTION DES JUDICIA EXTRAORDINARIA. (Thèse de doctorat.) 2 fr. 50

FRANCK (Ad). PHILOSOPHIE DU DROIT PÉNAL. 1864, 1 vol. in-18 de la *Bibliothèque de philosophie contemporaine*. 2 fr. 50

FRANCK (Ad.). PHILOSOPHIE DU DROIT ECCLÉSIASTIQUE. Des rapports de la religion et de l'État 1864, 1 vol. in-18 de la *Bibliothèque de philosophie contemporaine*. 2 fr. 50

ACOLLAS (Émile). MANUEL DE DROIT CIVIL, contenant l'exégèse du Code Napoléon et un exposé complet des systèmes juridiques, 3 vol. in-8°. 35 fr.

BAGEHOT. LA CONSTITUTION ANGLAISE, traduit de l'anglais. 1869, 1 vol. in-18 de la *Bibliothèque d'histoire contemporaine*. 3 fr. 50

BAGEHOT. LOMBARD-STREET ou le marché financier en Angleterre, 1 vol. in-18 de la *Bibliothèque d'histoire contemporaine*. 3 fr. 50

EM. DE LAVELEYE. DE LA PROPRIÉTÉ, 1 vol. in-8°. 5 fr.

HERBERT SPENCER. LA SCIENCE SOCIALE, 1 vol. in-8° de la *Bibliothèque scientifique internatinale*. 6 fr.

VALETTE. COURS DE CODE CIVIL, professé à la Faculté de droit. Première année, 1 vol. in-18. 8 fr.

BARNI (Jules). LA MORALE DANS LA DÉMOCRATIE. 1868, 1 vol. in-8° de la *Bibliothèque de philosophie contemporaine*. 5 fr.

BERTAULD. L'ORDRE SOCIAL ET L'ORDRE MORAL, 1 vol. in-18. 2 fr. 50

JANET. HISTOIRE DE LA SCIENCE POLITIQUE dans ses rapports avec la morale, 2 vol. in-8. 20 fr.

CLAMAGERAN. LA FRANCE RÉPUBLICAINE, 1 vol. in-18. 3 fr. 50

LUBBOCK. LES ORIGINES DE LA CIVILISATION. État primitif de l'homme et mœurs des sauvages modernes. 1873, 1 vol. grand in-8° avec figures et planches hors texte. Traduit de l'anglais par M. ED. BARBIER. 15 fr.

Paris — Imprimerie de E. MARTINET, rue Mignon, 2.

www.ingramcontent.com/pod-product-compliance
Lightning Source LLC
Chambersburg PA
CBHW060559210326
41519CB00014B/3519